羽翼六经　增光孔氏

册四

孟子·荀子

孟子　荀子　著

万卷出版公司

楚灵王挟诈灭陈蔡

楚灵王，是春秋时期楚国的君主，他在位期间不用古代贤君的治国之道，用诡诈之术攻击他国，不肯体恤百姓。由于他爱好细腰，朝中官员多饿人，更无心政治，令国家衰败。

君道（承前卷）

原文

请问为国？曰：闻修身，未尝闻为国也。君者，仪①也；民者，景也；仪正而景正。君者，盘也；民者，水也；盘圆而水圆。君者，盂也；盂方而水方。君射则臣决。楚庄王好细腰，故朝有饿人。故曰：闻修身，未尝闻为国也。

注释

①仪：日晷，凭日影来测定时间的仪器。

译文

请问怎样治理国家？回答说：我只听说过君主如何修养自身，不曾听说过怎样去治理国家。君主就像测定时刻的标杆，百姓就好像是这标杆的影子，标杆端正，那么影子也会端正。君主就好像盛水的盘子，百姓就好像盘中的水，盘子是圆形的，那么盘子中的水也成为圆形。君主就好像是盂，民众就好像盂中的水；盂是方形的，那么盂中的水也就成为方形。君主喜欢射箭，那么臣子就会套上板指经常射箭。楚灵王喜欢细腰，所以朝中就经常出现饿得面黄肌瘦的人。所以说：我只听说过君主如何修养自身，不曾听说过怎样治理国家。

君者，民之原也；原清则流清，原浊则流浊。故有社稷者而不能爱民、不能利民，而求民之亲爱己，不可得也。民之不亲不爱，而求其为己用、为己死，不可得也。民不为己用、不为己死，而求兵之劲、城之固，不可得也。兵不劲、城不固，而求敌之不至，不可得也。敌至而求无危削、不灭亡，不可得也。危削、灭亡之情举积此矣，而求安乐，是狂生者也。狂生者，不胥时而落。故人主欲强固安乐，则莫若反之民；欲附下一民，则莫若反之政，欲修政美俗，则莫若求其人。彼或蓄积，而得之者不世绝。彼其人者，生乎今之世而志乎古之道。以天下之王公莫好之也，然而是子独好之；以天下之民莫欲之也，然而是子独为之。好之者贫，为之者穷，然而是子犹将为之也，不为少顷辍焉。晓然独明于先王之所以得之、所以失之，知国之安危、臧否若别白黑。是其人者也，大用之，则天下为一，诸侯为臣；小用之，则威行邻敌；纵不能用，使无去其疆域，则国终身无故。故君人者，爱民而安，好士而荣，两者无一焉而亡。《诗》曰：『介人维藩，大师维垣。』此之谓也。

君主是百姓的源头，源头清澈，那么水流就会清澈；源头混浊，那么水流也会混浊。所以治理国家的人如果不能够爱护百姓、不能够使百姓得利，反而要求百姓亲近爱戴自己，那是办不到的。百姓不亲近、不爱戴自己，反而要求百姓为自己所用、为自己牺牲，那也是办不到的。百姓不肯为自己所用、不肯为自己牺牲，却要求兵力强大、城池坚固，那也是办不到的。兵力不强大、城池不坚固，却希望敌人不来侵犯，那是办不到的。敌人来了却也要求自己的国家不危险削弱、不灭亡，那是办不到的。国家危险削弱以至于灭亡的情势全都积累起来了，却还希望能够安逸享受，这是狂妄无知的人，不用等多久就会衰败灭亡的。所以君主想要强大稳固安乐，那就不如反过来依靠百姓；要想使臣下归附、使百姓与自己一条心，那就不如反过来处理好政事；要想治理好政事、使风俗淳美，那就不如寻求有德才的治国之人。那些得到并积蓄有德才的治国之人的君主，世世代代从没有断绝过。那些有德才的人，生在今天的时代，而知道古代的政治原则。虽然天下的君主没有谁喜欢古代的政治原则，只有这些有德才的人喜欢；虽然天下人没有谁去实施这些政治原则，只有这些有德才的人去实施遵行。喜欢古代政治原则的人往往会贫穷，遵行实施古代政治原则的人往往会困厄，但是这些有德才的人还是要去实施它，而且不会有片刻的停止。唯独他们清楚地明白先代的君主政治的得失，国家的安危、好坏，就好像分辨黑白一样。这种有德才的治国之人，如果得到君主的重用，那么就能够统一天下，诸侯就会来称臣；如果得到君主一般的任用，那么国家的威势也能够波及邻邦敌国；即使君主不能够任用他，只要不让他离开自己的国土，那么这

丹书受戒

师尚父曾授予周武王丹书箴言，解说治国之道。姜尚是文王旧臣，武王十分重用他，还尊称其为『尚父』，正是他辅佐武王建立周王朝。姜尚不愧为周朝的中流砥柱。

个国家在他活着的时候就可以没有祸患。所以统治百姓的君主，爱护百姓就会安宁，喜欢有德才的人，国家就会繁荣，这两者都不具备的，国家就会灭亡。《诗经》中说：『有德才的人就是那屏障，百姓就是那围墙。』说的就是这个道理。

原文

道者，何也？曰：君之所道也。君者，何也？曰：能群也。能群也者，何也？曰：善生养人者也，善班治人者也，善显设人者也，善藩饰人者也。善生养人者，人亲之；善班治人者，人安之；善显设人者，人乐之；善藩饰人者，人荣之。四统者俱而天下归之，夫是之谓能群。不能生养人者，人不亲也；不能班治人者，人不安也；不能显设人者，人不乐也；不能藩饰人者，人不荣也。四统者亡而天下去之，夫是之谓匹夫。故曰：道存则国存，道亡则国亡。省工贾，众农夫，禁盗贼，除奸邪，是所以生养之也。天子三公，诸侯一相，大夫擅官，士保职，莫不法度而公，是所以班治之也。论德而定次，量能而授官，皆使其人载其事而各得其所宜，上贤使之为三公，次贤使之为诸侯，下贤使之为大夫，是所以显设之也。修冠弁①衣裳、黼黻文章、雕琢刻镂皆有等差，是所以藩饰之也。

注释

①弁：冠名。古代男子穿通常礼服时所戴的冠称弁。

译文

道，是什么意思？回答说：是君主所遵行的原则。君，是什么意思？回答说：是能够按照等级名分和分工把人组织起来的人。所谓能够按照等级名分和分工把人组织起来，是指什么呢？回答说：是指善于养

利民济物

宋朝的李允则在潭州做知府的时候，一些县里强制征收绢税，老百姓感到苦不堪言，李允则把这些税都免除了。他整理狱治，使牢里没有含冤的人。湖南遇上灾荒，他打开官仓赈济灾民，数万人得以活命。李允则调走以后，当地百姓立碑纪念他的功德，子子孙孙祭祀不绝。

育百姓，善于治理百姓，善于任用安置百姓，善于使人们从衣服穿戴中就显示出等级的人。善于养育百姓的，百姓就会亲近他；善于治理百姓的，百姓就会安心顺从他；善于任用安置百姓的，百姓就会喜欢他；善于从服饰上来区分百姓的，百姓就会赞扬他。这四个要点都具备了，天下的人就会归顺他，这就叫做能够按照等级名分和分工把人组织起来的君主。不能养育百姓的，百姓就不会亲近他；不能治理百姓的，百姓就不会安心顺从他；不能任用安置百姓的，百姓就不会喜欢他；不能从服饰上区分出百姓的，百姓就不会赞扬他。这四个要点都不具备，天下的人就会背离他，这就叫做普通人。所以说：道存在，国家就会存在；道丧失了，国家就会灭亡。减少手工业者和商人的数量，增多农民的人数，禁止盗窃，铲除奸诈邪恶之徒，这就是用来养育百姓的办法。天子有司空、司马、司徒三公，诸侯有一个相，大夫担任某一官职，士谨守自己的职责，没有不按照法令制度办事而公正无私，这就是用来治理国家的方法。审察德行的优劣来确定等级，衡量才能的高低来授予官职，使每个人都能胜任他所承担的工作，各人都能得到和自身才能相适合的职务，上等的贤人让他们担任三公，次一等的贤人让他们做诸侯，

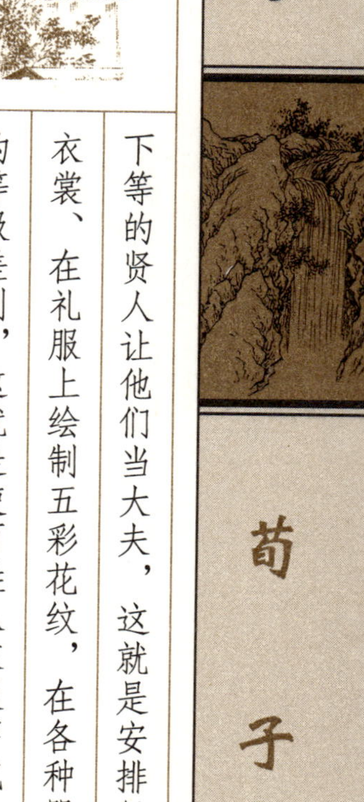

下等的贤人让他们当大夫，这就是安排任用百姓的方法。整制帽子衣裳、在礼服上绘制五彩花纹，在各种器具上雕刻图案等都有一定的等级差别，这就是使百姓从衣服穿戴上显示出等级的方法。

生民保居图 天子爱民如子，贤臣在其位，勤于政事，百姓安乐，天下大治。

原文

故由天子至于庶人也，莫不骋其能、得其志、安乐其事，是所同也；衣暖而食充，居安而游乐，事时制明而用足，是又所同也。若夫重色而成文章，重味而成珍备，是所衍也。圣王财衍以明辨异，上以饰贤良而明贵贱，下以饰长幼而明亲疏。上在王公之朝，下在百姓之家，天下晓然皆知其非以为异也，将以明分达治而保万世也。故天子诸侯无靡费之用，士大夫无流淫之行，百吏官人无怠慢之事，众庶百姓无奸怪之俗、无盗贼之罪，其能以称义遍矣。故曰：『治则衍及百姓，乱则不足及王公。』此之谓也。

译文

从天子一直到普通百姓，无不充分施展自己的才能，满足他们的意愿，安逸愉快地从事自己的事务，这些方面是各人都相同的；他们穿得暖和而吃得饱，居住安适而玩得快乐，事情处理及时、制度明白清楚而生活用品充足，这些方面，也是完全相同的。至于用各种各样的颜色而绘成衣服上的彩色花纹，用各种各样的食物而烹煮成珍馐美味，这是富足有余的表现。圣明的君主掌握好这种富足有余的财物来显示出等级差别，在上用来修饰贤能善良的人来显示贵贱，在下用来修饰老少来显示亲疏关系。这样，上至君主朝廷，下至平民百姓，天下人都清楚知道这不是制造差别表示特殊，而且是要用它来明确名分，达到治理国家，从而保持千秋万代永远太平的目的。所以天子诸侯没有浪费的用度，士大夫没有放荡的行为，群臣百官不怠慢政事，群众百姓没有奸诈怪僻的习俗、没有盗窃的行为，这就能够称为道义普及天下了。所以说：『国家安定，那么百姓就会富裕；国家混乱，那么王公也会拮据。』说的就是这个道理。

原文

至道大形：隆礼至法，则国有常；尚贤使能，则民知方；纂论公察，则民不疑；赏勉罚偷，则民不怠；兼听齐明，则天下归之。然后明分职，序事业，材技官能，莫不治理，则公道达而私门塞矣，公义明而私事息矣。如是，则德厚者进而佞说者止，贪利者退而廉节者起。《书》曰：『先时者，杀无赦；不逮时者，杀无赦。』人习其事而固。人之百事，如耳目鼻口之不可以相借官也。故职分而民不探，次定而序不乱，兼听齐明而百事不留。如是，则臣下百吏至于庶人莫不修己而后敢安止，诚能而后敢受职；百姓易俗，小人变心，奸怪之属莫不反悫；夫是之谓政教之极。

故天子不视而见，不听而聪，不虑而知，不动而功，块然独坐而天下从之如一体、如四肢之从心，夫是之谓大形。《诗》曰：『温温恭人，维德之基。』此之谓也。

译文

道最充分的体现是：推崇礼义，并且使法制高于一切，那么国家就会有秩序；尊重贤德之人，任用有才能的人，那么百姓就会知道努力的方向；允许人们互相议论然后再作出公正的考察，那么百姓就不存在疑虑了；奖赏勤劳的人，惩罚偷懒的人，那么百姓就不会怠惰了；广泛地听取各种意见，一切事务都明察秋毫，那么天下人就会归顺他。然后明确名分职位，区分事务的轻重缓急，安排有技艺的人，任用有才能的人，任何事情就没有什么得不到治理了，那么为公家效劳的道路就会通达而为自己谋私的门径就被堵塞了，为公的原则昌明了而谋私的事情停止了。像这样，那么品德高尚的人就得到任用而花言巧语的人就遭到罢免，贪图财利的人被黜退而廉洁奉公的人被启用。《尚书》说：『擅自提前行动的人，杀而不赦；超过时刻而按兵不动的人，杀而不赦。』人们常常因为熟悉了自己的工作而固守本职。人们的各种工作，就像耳朵、眼睛、鼻子、嘴巴的功能不能相互替代一样。所以，职务划分明确之后，百姓就不会再谋求他职；等级确定后，秩序就不会混乱；广泛地听取各种意见，明察一切事务，那么各种工作就不会停滞而得到及时的处理。像这样，那么从大臣百官直到平民百姓就无不约束自己然后才敢安于自己所在的职位，真正有了才能然后才敢接受官职；百姓变更了习俗，小人转变了心思，奸邪怪僻之流无不变得诚实敦厚，这就叫做政治教化的最高境界。

所以天子不用察看就能清楚，不用打听就能明白真相，不用考虑就能了解，不用行动就能功成业就，岿然不动地独自坐着而天下人顺从他就像一个整体，像四肢听从心的支配一样，这就是『道』的最好体现。《诗经》中说：『温柔谦恭的百姓，是以道德为基础。』说的就是这种人。

原文

为人主者莫不欲强而恶弱，欲安而恶危，欲荣而恶辱，是禹、桀之所同也。要此三欲，辟此三恶，果何道而便？曰：在慎取相，道莫径是矣。故知而不仁，不可；仁而不知，不可；既知且仁，是人主之宝也，而王霸之佐也。不急得，不知；得而不用，不仁。无其人而幸有其功，愚莫大焉。

译文

做君主的没有不希望强盛而厌恶衰弱的，没有不希望安定而厌恶危险的，没有不希望荣耀而厌恶耻辱的，这一点禹和桀是相同的。要实现这三种愿望，避免这三种厌恶的东西，究竟采取什么途径才是最方便的呢？回答说：在于慎重地选取辅相，没有什么办法比这个更为简便的了。所以辅相只有智慧而没有仁德，不行；只有仁德而没有智慧，也不行；既有智慧又有仁德，这便是君主的珍宝，是成就王业霸业的人的助手。君主不急于得到这样的人，是不聪明的；得到了这样的人却不重用他，是不仁义的。没有这样德才兼备的辅相而希望取得王霸之功，没有比这更加愚蠢的了。

原文

今人主有六患：使贤者为之，则与不肖者规之；使知者虑之，则与愚者论之；使修士行之，则与污邪之人疑之。虽欲成功，得乎哉？譬之，是犹立直木而恐其景之枉也，惑莫大焉。语曰：『好女之色，恶者之孽也。公正之士，众人之痤也。循乎道之人，污邪之贼也。』今使污邪之人论其怨贼而求其无偏，得乎哉？譬之，是犹立枉木而求其景之直也，乱莫大焉。

鸷鸟不群

鸷鸟难与凡鸟为群。道德高尚之士难容于恶人，就如同志存高远的鸷鸟与燕雀不群。让恶人来评判他们怎么会没有偏见呢？

译文

当代的君主有个大祸患：让贤能的人去做事，却和不贤的人去限制他；让有智慧的人去考虑问题，却和愚蠢的人一起去评判他；让品德美好的人去实施政令，却和肮脏邪恶的人去猜疑他。像这样，虽然想要获得成功，能够办到吗？这就好像是竖起一根笔直的木头却怕它的影子是弯曲的，没有比这更糊涂的了。俗话说：『美女的姿色，是丑人的灾祸。公正的贤士，是那些进谗言人的疖子。遵循道义的人，是品德肮脏邪恶人的灾难。』现在让品德肮脏邪恶的人来评判他们所怨恨的人，还要求他们没有偏见，能办到吗？这就好像竖起一根弯曲的木头却要求它的影子是笔直的，没有比这更加昏乱的了。

原文

故古之人为之不然。其取人有道，其用人有法。取人之道，参之以礼；用人之法，禁之以等。行义动静，度之以礼；知虑取舍，稽之以成；日月积久，校之以功。故卑不得以临尊，轻不得以县重，愚不得以谋知，是以万举不过也。故校之以礼，而观其能安敬也；与之举错迁移，而观其能应变也；与之安燕，而观其能无流慆也；接之以声色、权利、忿怒、患险，而观其能无离守也。彼诚有之者与诚无之者若白黑然，可诎邪哉？故伯乐①不可欺以马，而君子不可欺以人。此明王之道也。

注释

①伯乐：春秋秦穆公时人，姓孙，名阳，善于相马。

译文

古代的君主做事就不是这样。他选取人有一定的原则，他任用人有一定的法度。选取人的原则，是用礼制来检验他们；任用人的法度，是用等级来约束他们。对他们的品行举止，都用礼制来衡量；对他们的智慧以及判断取舍的能力，都用最后的成效来考查；对他们日积月累的长期工作，用功绩来验证他们。所以，地位卑下的人不能凌驾在地位尊贵的人之上，地位轻微的人不能去衡量地位尊贵的人，愚蠢的人不能去为聪明的人出谋划策，因此做任何事都不会失误。所以用礼制来考核他，观察他们是否能安泰恭敬；给他上下调动来回迁移，看他是否能应付各种变化；让他舒适安逸，观察他是否能不放荡淫乐；让他接触美色音乐、权势财利、怨恨愤怒、祸患危险，看他是否能够不背离职守。这样，那些真正具备的和确实没有具备的品德，就像白黑一样分明，这还能够歪曲吗？所以不能用马来欺骗伯乐，不能用人来欺骗君子。以上这些就是英明君主的原则。

原文

人主欲得善射，射远中微者，县贵爵重赏以招致之。内不可以阿子弟，外不可以隐远人，能中是者取之，是岂不必得之之道也哉？虽圣人不能易也。欲得善驭速致远者，一日而千里，县贵爵重赏以招致之。内不可以阿子弟，外不可以隐远人，能致是者取之，是岂不必得之之道也哉？虽圣人不能易也。欲治国驭民，调一

上下；将内以固城，外以拒难。治，则制人，人不能制也；乱，则危辱灭亡可立而待也。然而求卿相辅佐，则独不若是其公也，案唯便嬖亲比己者之用也，岂不过甚矣哉？故有社稷者莫不欲强，俄则弱矣；莫不欲安，俄则危矣；莫不欲存，俄则亡矣。古有万国，今有数十焉，是无它故，莫不失之是也。故明主有私人以金石珠玉，无私人以官职事业。是何也？曰：本不利于所私也。彼不能而主使之，则是主暗也；臣不能而诬能，则是臣诈也。主暗于上，臣诈于下，灭亡无日。俱害之道也。夫文王，非无贵戚也，非无子弟也，非无便嬖也，倜然乃举太公于州人而用之，岂私之也哉？以为亲邪？则周，姬姓也；而彼，姜姓也。以为故邪？则未尝相识也。以为好丽邪？则夫人行年七十有二，齫然而齿堕矣。然而用之者，夫文王欲立贵道，欲白贵名，以惠天下，而不可以独也，非于是子莫足以举之，故举是子而用之。于是乎贵道果立，贵名果明，兼制天下，立七十一国，姬姓独居五十三人，周之子孙，苟不狂惑者，莫不为天下之显诸侯。如是者，能爱人也。故举天下之大道，立天下之大功，然后隐其所怜、所爱，其下犹足以为天下之显诸侯。故曰：『唯明主为能爱其所爱，暗主则必危其所爱。』此之谓也。

译文

君主要想得到善于射箭能命中远处微小目标的人，就要拿出尊贵的爵位、丰厚的赏赐来招引他们。对内不偏袒自己的子弟，对外不埋没疏远的人，只要能符合『射远中微』这个目标的人就选取他，这难道不就是必定得到善射的人的办法吗？即使是圣人也不能改变这种办法。君主想要得到善于驾驭马车能很快到达遥远地方的人，就要拿出尊贵的爵位、丰厚的赏赐来招引他们。对内不偏袒自己的子弟，对外不埋没疏远的人，只要符合『速致远』这个标准的就选取他，这难道不是必定得到善于驾车人的办法吗？即使是圣

昭示诸侯图

周代分封子弟、功臣为诸侯，以各地诸侯拱卫周室。周室秉承天下一统的原则，给予诸侯管辖地方的权利，天下安泰，是『唯明主为能爱其所爱』。

人也不能改变这种办法。君主想要治理好国家，驾驭百姓，协调统一君臣上下；就要对内巩固城防，对外抵御入侵的灾难。因为国家治理好了，就能够制服别人，而别人不能制服他；国家混乱，那么危险、耻辱、灭亡的局面马上就会到来。但是君主在选取辅佐的卿相的时候，却不是这样的公正，而只任用左右亲近自己的人，这难道不是大错特错了吗？所以掌握了国家政权的君主没有不希望强盛的，但不久就衰弱了；没有不希望安定的，但不久就遭到了危险；没有不希望国家长存的，但不久就灭亡了。古代有上万个国家，如今却只有十几个了，这没有别的缘故，都是在用人的问题上出现了差错。所以圣明的君主有时候会把金银宝石赠送给他人，但从来不把官职政务赠送给别人。这是为什么呢？回答说：因为赠送官职根本不利于那些被偏爱的人。那些人没有才能，而君主却要任用他，那么这个君主是昏庸的；臣子没有才能，却冒充有才能，那么这个臣子是欺诈的。君主昏庸在上，臣子欺诈在下，国家很快就会灭亡了。这是对君主和他宠爱的臣子都有害的做法。周文王并不是没有显贵的亲戚，也不是没有子弟，并不是没有宠臣亲信，但他却异乎寻常地从州地人中选中了姜太公而重用他，这难道是偏袒他吗？是因为姜太公他们是亲族吗？但周族姓姬，而姜太公姓姜。是因为姜太公是故交吗？他们却从来不相识。是因为周文王爱漂亮吗？但姜太公已经有七十二岁了，牙齿都已经掉光了。但是周文王还是要任用他，那是因为周文王想要建立良好的政治秩序，想要显扬尊贵的名声，从而来造福天下，而这些是不能单靠自己一个人就能办到的，但除了这姜太公这个人，就没有值得推举的了，所以推举姜太公并任用他。于是良好的政治秩序果然就树立起来了，尊贵的名声果然显扬了，完全控制了天下，设置了七十一个诸侯国，其中姬姓诸侯就独占了五十三个人，周族的子孙，只要不是发疯糊涂的人，没有不成为天下最显贵的诸侯的。像这样，才算是能够爱护人的人。所以实施统一天下的重大原则，建立统一天下最大的功劳，然后才能偏私自己所怜爱的人，那么他的后人也完全能够成为天下最显贵的诸侯。所以说：『只有圣明的君主才能爱护他所宠爱的人，昏庸的君主就必定会危害他所宠爱的人。』说的就是这个道理。

原文

墙之外，目不见也；里之前，耳不闻也；而人主之守司，远者天下，近者境内，不可不略知也。天下之变，境内之事，有弛易齵差者矣，而人主无由知之，则是拘胁蔽塞之端也。耳目之明，如是其狭也；人主之守司，如是其广也，其不可以不知也；如是其危也。然则人主将何以知之？曰：便嬖左右者，人主之所以窥远收众之门户牖响也，不可不早具也。故人主必将有便嬖左右足信者然后可，其知惠足使规物、其端诚足使定物然后可。夫是之谓国具。人主不能不有游观安燕之时，则不得不有疾病物故之变焉。如是，国者，事物之至也如泉原，一物不应，乱之端也。故曰：人主不可以独也。卿相辅佐，人主之基杖也，不可不早具也。故人主必将有卿相辅佐足任者然后可，其德音足以填抚百姓、其知虑足以应待万变然后可，夫是之谓国

具。四邻诸侯之相与，不可以不相接也，然而不必相亲也，故人主必将有足使喻志决疑于远方者然后可，其辩说足以解烦，其知虑足以决疑，其齐断足以距难，不还秩，不反君，然而应薄扞患足以持社稷，然后可。夫是之谓国具。故人主无便嬖左右足信者谓之暗，无卿相辅佐足任者谓之独，所使于四邻诸侯者非其人谓之孤，孤独而晻谓之危。国虽若存，古之人曰亡矣。《诗》曰：『济济多士，文王以宁。』此之谓也。

译文

墙壁外面的东西，眼睛不能看到；一里外的声音，耳朵不能听到；但君主所管辖的范围，远的遍及整个天下，近的在一国之内，天下国内的事情，不可不概略地知道一些。天下的变化，境内的事情，有懈怠的，有变动纷乱的，然而君主却无从得知，这就是被局限和被人挟制蒙蔽的开端了。耳朵眼睛所能弄清楚的，是如此的狭窄；而君主的管辖范围，又是如此的广大，狭窄和广阔的情况不能不知道；如果不知道其中的情况，就会有被挟制蒙蔽的危险了。既然如此，那么君主如何了解情况呢？回答说：君主身边的亲信，是君主用来观察远处监督各级官吏的耳目，不能不及早具备。所以君主一定要有可以充分信任的左右亲信，然后才能了解情况；他们的智慧要足以谋划事情，他们的正直诚实要足以判断事务，然后才能委以重任。这就叫做治国的人才。君主不可能没有游览安逸的时候，也不可能没有疾病死亡的变故。如果遇到这种情况，一个国家之内，各种事务就像源泉一样不断地涌来，一件事情不能处理，就是祸乱的开端。所以说：君主不能单独一个人治理国家。卿相辅佐，就是君主凭靠的茶几和手杖，不能不及早具备。所以君主一定要有足可胜任的卿相辅佐，然后才能治理好国家；而这些卿相辅佐的道德声望要足以安定百姓，他们的智慧要足以应付一切变化，然后才能辅佐君主。这就是治国的人才。四邻诸侯国互相交往，不可能不互相接触，

但是不一定都亲近友好，所以君主一定要完全能够在远方传达自己的旨意、解决疑难问题的使臣，然后才能与诸侯国交往；这些使臣的辩说足以消除纷繁的事情，他们的智慧思虑足以解决疑难的事情，他们的敏捷果断足以排除危难，他们既不推卸职责，也不回到君主身边请示，然而应付紧急情况、抵御患难的时候却足以捍卫国家的政权，只有这样才能提当使臣的重任。这种人叫做治国的人才。所以君主没有足以信赖的亲信就叫做昏庸，没有足以胜任的卿相辅佐就叫做孤独，所派遣到四邻诸侯国的使者不是恰当的人就叫做孤立，孤立、孤独再加上昏庸，就叫做危险。国家虽然表面上还存在着，但古代的人却说它已经灭亡了。《诗经》中说：『人才济济多精英，文王因此得安宁。』说的就是这个道理。

材人：愿悫拘录，计数纤啬而无敢遗丧，是官人使吏之材也。修饬端正，遵法敬分，而无倾侧之心；守职循业，不敢损益，可传世也，而不可使侵夺，是士大夫官师之材也。知隆礼仪之为尊君也，知好士之为美名也，知爱民之为安国也，知有常法之为一俗也，知尚贤使能之为长功也，知务本禁末之为多材也，知无与下争小利之为便于事也，知明制度、权物称用之为不泥也，是卿相辅佐之材也，未及君道也。能论官此三材者而无失其次，是谓人主之道也。若是，则身佚而国治，功大而名美；上可以王，下可以霸，是人主之要守也。人主不能论此三材者，不知道此道，安值将卑势出劳，并耳目之乐，而亲自贯日而治详，一日而曲辨之，虑与臣下争小察而綦偏能，自古及今，未有如此而不乱者也。是所谓视乎不可见，听乎不可闻，为乎不可成。此之谓也。

安排任用人才的原则：诚实勤劳，细微的事情都计算得非常精细，而且不敢有遗漏，这样的人是管理

一般事务的人才。修养品德、端正身心，崇尚法制、重视名分，而没有偏斜不正之心；谨守职责、遵循法典，不敢随意增减既定的法令制度，并使它们世代相传，而不让它们受损，这样的人是当士大夫和官长的人才。知道崇尚礼义就是尊重君主，知道喜爱有道德才能的人就会有美好的名声，知道爱护百姓就是安定国家，知道有了固定的法制就有了统一的习俗，知道尊重贤士、使用能人就是长远的功效，知道重农抑商就是拥有财富，知道不与百姓争夺小利就是为了有利于办大事，知道彰明制度、权衡事情要符合实用而不拘泥于成规，这样的人是做卿相辅佐的人才，但是还没有能懂得君主之道。能够选择任用这三种人才而不使他的等级发生错误，这才可以称为君主之道。如果能这样，那么君主自身安逸而国家安定，功业伟大而名声美好；上等的可以称王天下，下等的可以称霸诸侯，这是君主的必须遵守的要领。君主不能择取这三种人才，不知道遵循这个原则，却降低自己的地位去操劳，抛弃声色娱乐，天天亲自去详尽地处理各种事务，一天之内想要把各方面的事情都办好，总是想和臣下在细小的方面比精明，极力去追求某一方面的才能，从古到今，还没有像这样做而不混乱的国家。这就是所谓『看不到的要去看，听不到的要去听，做不到的要去做』。说的就是这种情况。

议兵

临武君与孙卿子议兵于赵孝成王前①。王曰：『请问兵要。』临武君对曰：『上得天时，下得地利，观敌之变动，后之发，先之至，此用兵之要术也。』孙卿子曰：『不然。臣所闻古之道，凡用兵攻战之本在乎一民。弓矢不调，则羿不能以中微；六马不和，则造父不能以致远；士民不亲附，则汤、武不能以必胜也。故善附民者，是乃善用兵者也。故兵要在乎善附民而已。』

注释

①临武君：楚国将领，姓名事迹不详。孙卿子：即荀况。兵：此处指如何用兵。赵孝成王：名丹。

译文

临武君和荀卿在赵孝成王面前讨论用兵之道。赵孝成王说：『请问用兵的要领。』临武君回答说：『上得天时，下得地利，观察好敌人的变动情况，后于敌人发动，而先于敌人到达，这就是用兵的要领。』荀卿说：『不对。我所听说的古代用兵方法是：大凡用兵打仗，最根本的在于统一百姓。如果弓箭不协调，那么后羿也不能用它来射中微小的目标；如果六匹马不协调，那么造父也不能使车到达很远的地方；如果百姓不亲近归附自己的君主，那么商汤、周武王也不能必胜。所以善于使百姓归附的人，才是善于用兵的。所以，用兵的要领仅仅在于善于使百姓归附自己而已。』

临武君曰：『不然。兵之所贵者，势利也；所行者，变诈也。善用兵者，感忽悠闇，莫知其所从出。孙、

成汤革夏图

成汤是夏末有名的贤人，他桑林祷雨的事迹传遍天下，天下人都知道他是仁爱百姓的君主，都来归附他，他伐无道的夏桀是众望所归，当时的夏国中有谁能挡得住这样的正义之师呢？

吴用之[1]，无敌于天下。岂必待附民哉？』孙卿子曰：『不然。臣之所道，仁人之兵、王者之志也。君之所贵，权谋势利也；所行，攻夺变诈也：诸侯之事也。仁人之兵，不可诈也；彼可诈者，怠慢者也，路亶者也，君臣上下之间涣然有离德者也。故以桀诈桀，犹巧拙有幸焉；以桀诈尧，譬之，若以卵投石、以指挠沸，若赴水火、入焉焦没耳！故仁人上下，百将一心，三军同力，臣之于君也，下之于上也，若子之事父、弟之事兄，若手臂之捍头目而覆胸腹也；诈而袭之与先惊而后击之，一也。且仁人之用十里之国，则将有百里之听；用百里之国，则将有千里之听；用千里之国，则将有四海之听；必将聪明警戒，和传而一。故仁人之兵，聚则成卒[2]；散则成列；延则若莫邪之长刃[3]，婴之者断；兑则若莫邪之利锋，当之者溃；圜居而方止，则若盘石然，触之者角摧，案角鹿埵、陇种、东笼而退耳。且夫暴国之君，将谁与至哉？彼其所与至者，必其民也；而其民之亲我欢若父母，其好我芬若椒兰，彼反顾其上，则若灼黥，若仇雠；人之情，虽桀、跖，岂又肯为其所恶、贼其所好者哉？是犹使人之子孙自贼其父母也，彼必将来告之，夫又何可诈也？故仁人用，国日明，诸侯先顺者安，后顺者危，虑敌之者削，反之者亡。《诗》曰：「武王载发，有虔秉钺；如火烈烈，则莫我敢遏。」此之谓也。」

注释

①孙：指孙武，春秋时齐国人，著名的军事家。吴：指吴起，战国初期军事家，卫国人，魏武王的将领。②卒：周代的军队的一种编制，一百人为卒。③。莫邪：传说中的宝剑。

临武君说：『不对。用兵最重视的，是有利的形势和有利的条件；所施行的，是变幻莫测机变诡诈的计谋和行动。善于用兵的人，神出鬼没，没有人知道他们是从哪里来的。孙武、吴起用了这种战术，因而无敌于天下。难道一定要依靠百姓的归附吗？』荀卿说：『不对。我所说的，是仁德之人的用兵、是称王天下者的志向。您所看重的，是权变谋略、形势有利；所施行的，是攻取掠夺、机变诡诈：这些都是诸侯所做的事。仁德之人的用兵，是不可以诡诈的；那可以被以诡诈应对的，是斗志懈怠，疲弱不堪的，君臣上下之间涣散而离心离德的军队。所以用桀之类的人来欺骗桀之类的人，还有手段巧妙笨拙的侥幸；如果用桀一类的人欺骗尧，就好像用鸡蛋砸石头，用手指搅动沸腾的水，就好像投入了水火之中，一进去就会被烧焦淹没。仁德之人上下之间，各位将领齐心协力，三军共同努力，臣子对君主，下级对上级，就像儿子侍奉父亲、弟弟侍奉兄长一样，就像手臂护卫脑袋眼睛、胸部腹部一样；所以用诡诈的手段去袭击他人与先惊动对方然后攻击他，那结果是一样的。况且仁德之人治理方圆十里的国家，必定能了解方圆百里之内的情况；治理方圆百里的国家，就必定能调查了解方圆千里之内的情况；治理方圆千里的国家，就必定能调查了解天下的情况；他的军队一定是耳聪目明，警惕戒备，全国协调团结而成为一个整体。所以，仁德之人的军队，集合起来就成为有组织的队伍；分散开来便成为整齐的行列；队伍横向伸展开来就像莫邪宝剑的长刃，接触他就会被折断；向前冲刺就像莫邪宝剑那样锐利的锋芒，抵挡它就必然会被击溃；无论是摆成圆形的还是方形的扎营阵势，都像磐石一样岿然不动，触犯它的就会头破血流，只有狼狈不堪地败退。再说那些强暴的国君，将有谁和他一起来作战呢？那些和他一起来的，必定是他所统治的百姓；而他的民众亲爱我们高兴得就像看到了父母一样，他们热爱我们，认为我们芳香得像椒、兰一样，而他们回过头去看看他们的君主，君主就像被火烧烤过、就像受到了刺脸涂墨的刑罚一样令人厌恶，就像看到了仇人一样愤怒；他们这些人的性情即使像夏桀、盗跖那样残暴贪婪，难道肯为他所厌恶的而去伤害他所喜欢的吗？这就好像让别人的子孙去伤害自己的父母一样，他们必定会来相告，那么我们又怎么可以实行诡诈呢？所以仁德之人当政，国家日益昌盛，诸侯先去归顺的就会安宁，后归顺的就危险，与他作对的就会削弱，背叛他的就会灭亡。《诗经》中说：「武王头上旗飘舞，威严恭敬握大斧；气势如熊熊烈火，没有人敢阻挡我们。」说的就是这种情况啊。』

原文

孝成王、临武君曰：『善。请问王者之兵设何道、何行而可？』孙卿子曰：『凡在大王，将率末事也。臣请遂道王者诸侯强弱存亡之效、安危之势。君贤者其国治，君不能者其国乱；隆礼、贵义者其国治，简礼、贱义者其国乱。治者强，乱者弱：是强弱之本也。上足卬，则下可用也；上不足卬，则下不可用也。下可用则强，下不可用则弱：是强弱之常也。隆礼、效功，上也；重禄、贵节，次也；上功、贱节，下也：是强弱之凡也。好士者强，不好士者弱；爱民者强，不爱民者弱；政令信者强，政令不信者弱；民齐者强，民不齐

铠甲战车将士图　这是古代将士戎装图。国家重视铠甲兵器的制造和兵士的训练，军事就会强盛，国家就不会被他国欺凌。

者弱；赏重者强，赏轻者弱；刑威者强，刑侮者弱；械用兵革攻完便利者强，械用兵革窳楛不便利者弱；重用兵者强，轻用兵者弱；权出一者强，权出二者弱：是强弱之常也。齐人隆技击。其技也，得一首者，则赐赎锱金，无本赏矣。是事小、敌毳则偷可用也；事大、敌坚则涣焉离耳，若飞鸟然，倾侧反复无日。是亡国之兵也，兵莫弱是矣，是其去赁市佣而战之几矣。魏氏之武卒，以度取之。衣三属之甲①，操十二石之弩，负服矢五十个，置戈其上，冠印胄带剑，赢三日之粮，日中而趋百里。中试则复其户，利其田宅。是数年而衰而未可夺也，改造则不易周也。是故地虽大，其税必寡，是危国之兵也。

注释

①三属之甲：古代作战时，战士身上穿的一种三件一套的护身铠甲。

译文

赵孝成王、临武君说：『说得好。请问称王天下的君主，用兵采取什么办法，如何行动才行呢？』荀卿说：『一切都在于君王，将帅都是次要的。请让我全面地谈谈称王天下的君主与诸侯对强

盛、衰弱、存在、灭亡的影响和他们的安危形势。君主贤明的，他的国家就会安定；君主无能的，他的国家就会混乱；君主崇尚礼法的，他的国家就安定；君主怠慢轻视礼法的，他的国家就混乱。安定的国家强大，混乱的国家衰弱：这是强盛与衰弱的根本原因。君主足以被敬仰的，那么臣民就可以供君主使用；君主不足以被敬仰，那么臣民就不可能被君主所使用。臣民可以供君主使用的国家就会强盛，臣民不被君主所使用的国家就会衰弱：这是国家强盛与衰弱的常规。推崇礼法、考核战功，是上策；看重利禄、推崇气节，是次一等的策略；崇尚战功、鄙视气节，是下等的策略：这些是导致强盛与衰弱的关键。喜欢贤士的国家就强盛，不喜欢贤士的国家就衰弱；爱护百姓的国家强盛，不爱护百姓的国家就衰弱；政策法令讲信用的国家就强盛，政策法令没有信用的国家就衰弱；百姓齐心合力的国家就强盛，百姓不齐心的国家就衰弱；奖赏丰厚的国家就强盛，奖赏微薄的国家就衰弱；刑罚威严的国家就强盛，刑罚轻慢的国家就衰弱；器械、用具、兵器、盔甲等器具精善坚固的国家就强盛，器械、用具、兵器、盔甲等器具粗劣的国家就衰弱；用兵谨慎的国家就强盛，用兵轻率的国家就衰弱；权力集中的国家就强盛，权力分散的国家就衰弱：这些是强盛与衰弱的常规。齐国人推崇用武力斩杀敌人，其办法是，得到一个敌人的首级，就赏赐八两黄金，却没有因为战胜而应给予的奖励。这种办法，对于小规模的战役和脆弱的敌人，那还勉强可以使用；对于大规模的战役和强大的敌人，那么士兵就会涣散，像乱飞的鸟一样逃离，用不了多长时间就会覆灭。这是使国家灭亡的军队，没有比这更弱的军队了，这和雇佣市场上等待雇佣的人去打仗差不多。魏国的武士，用考试的方法来选取。让他们穿上三件一套的护身甲，拿着需要千斤的力量才能拉开的弩弓，背着装有五十支箭的箭袋，再带上长枪，戴着头盔，佩带宝剑，带上三天的口粮，半天之内要奔走一百里。考试合格就免除他家的徭役，免除他家的田宅税。这些武士过几年就衰老了，他所享有的权利却是不能剥夺的，另外选取人又难以完全符合条件。所以，魏国的土地虽然辽阔，但它的税收必定会减少，这是危害国家的军队。

原文

秦人，其生民也陿阸，其使民也酷烈，劫之以势，隐之以阸，忸之以庆赏，䲡之以刑罚，使天下之民所以要利于上者，非斗无由也；阸而用之，得而后功之，功赏相长也，五甲首而隶五家。是最为众强长久，多地以正。故四世有胜，非幸也，数也。故齐之技击不可以遇魏氏之武卒，魏氏之武卒不可以遇秦之锐士，秦之锐士不可以当桓、文之节制，桓、文之节制不可以敌汤、武之仁义；有遇之者，若以焦熬投石焉。兼是数国者，皆干赏蹈利之兵也，佣徒鬻卖之道也，未有贵上、安制、綦节之理也。诸侯有能微妙之以节，则作而兼殆之耳。故招近募选，隆势诈，尚功利，是渐之也；礼义教化，是齐之也。故以诈遇诈，犹有巧拙焉；以诈遇齐，辟之犹以锥刀堕太山也，非天下之愚人莫敢试。故王者之兵不试。汤、武之诛桀、纣也，拱揖指麾，而强暴之国莫不趋使，诛桀、纣若诛独夫。故《泰誓》曰：「独夫纣。」此之谓也。故兵大齐，则制天下；小齐，则治邻敌。若夫招近募选、隆势诈、尚功利之兵，则胜不胜无常，代翕代张，代存代亡，相为雌雄耳矣。夫是之谓盗兵，君子不由也。故齐之田单，楚之庄蹻，秦之卫鞅，燕之缪虮，是皆世俗之所谓善用兵者也。是其巧拙强弱则未有以相君也，若其道，一也，未及和齐也，掎契司诈，权谋倾覆，未免盗兵也。齐桓、晋文、楚庄、吴阖闾、越句践，是皆和齐之兵也，可谓入其域矣，然而未有本统也，故可以霸而不可以王。是强弱之效也。」

译文

『秦国的君主，他养活百姓的方法非常严苛，役使百姓非常严酷，他用残酷的办法威逼百姓，用狭窄

田单火牛破敌

田单以火牛阵破燕军，为齐国收复失地。而在荀子看田单来是以奇巧诡计战胜敌人，而非以仁义胜敌，是为『盗兵』。

的生路使百姓穷困，用奖赏使他们习惯，用刑罚强迫他们，使国内的百姓向君主求取利益，除了作战就没有别的方法；使百姓穷困而后再驱使他们，使百姓得到胜利后再给他们记功，功劳和奖赏相互促进，得到五个敌人首级的就可以役使五户百姓。秦国的兵员最多，战斗力最强而且持久，可以征税的土地也多。所以秦国四代都保持强盛，这并不是因为侥幸，而是必然的规律。因此，齐国凭勇力取胜的士兵，不能够抵挡魏国的武士，魏国的武士不能抵挡秦国精锐的士兵，秦国的士兵不能抵挡齐桓公、晋文公那样有纪律的军队，齐桓公、晋文公那有纪律的军队，不能抵挡商汤、周武王的仁义之师；如果抵抗他们，就会像用枯焦烤干的东西扔在石头上一样。所有这些国家的军队，都是追求奖赏、贪图利益的军队，是受雇佣的人出卖气力的办法，他们并没有尊重君主、遵守制度、极尽气节的理性。诸侯中如果有用仁义节操尽善尽美地来训导士兵的，就能一举歼灭这所有的国家。所以，招引、募求、挑选士兵，注重权谋诡诈，崇尚功利，这是在欺骗百姓；讲求礼制道义教化，这才能使士兵齐心合力。用诡诈去抵挡诡诈，还有高明和拙劣的区别；而用诡诈的军队去对付齐心合力的军队，就好像是用小刀去毁坏泰山一样，如果不是天底下最愚蠢的人，是没有人敢去做这种尝试的。所以称王天下君主的军队不去做这种尝试。商汤、周武王讨伐夏桀、商纣的时候，从容自如地指挥，而那些强横暴虐的诸侯国也没有不接受驱使的，除掉夏桀、商纣就好像除掉孤独的一个人一样。所以《泰誓》中说：「独夫纣王。」说的就是这个道理啊。所以军队能达到高度统一就可以齐心合力，就能制服天下；小规模的统一，也能打败邻近的敌国。至于那种招募选拔士兵，崇尚权谋诡诈，崇尚功利的军队，那胜负就变化无常了，有时衰弱，有时强盛，有时保存，有时灭亡，相互竞争强弱胜负罢了。这就叫做盗贼式的军队，君子是不使用这样的军队的。所以，齐国的田单、楚国的庄跻、秦国的卫鞅、燕国的乐毅，这些都是世俗所说的善于用兵的人。这些人的巧妙拙劣、强大弱小不分上下，至于他们所遵行的原则，却是相同的，他们都还没有使士兵和谐一致，只是抓住对方弱点伺机进行欺诈，玩弄权术颠覆敌人，所以仍不免是盗贼式的军队。齐桓公、晋文公、楚庄王、吴王阖闾、越王勾践，这些人的军队都是和谐一致的军队，可说是进入礼义教化的境界了，但还没有抓住根本，所以可以称霸天下却不可以称王天下。这就是国家强弱的效验。』

原文

孝成王、临武君曰：『善。请问为将。』孙卿子曰：『知莫大乎弃疑，行莫大乎无过，事莫大乎无悔。事至无悔而止矣，成不可必也。故制号政令，欲严以威；庆赏刑罚，欲必以信；处舍收臧，欲周以固；徙举进退，欲安以重，欲疾以速；窥敌观变，欲潜以深，欲伍以参；遇敌决战，必道吾所明，无道吾所疑；夫是之谓六术。无欲将而恶废，无急胜而忘败，无威内而轻外，无见其利而不顾其害，凡虑事欲孰而用财欲泰，夫是之谓五权。所以不受命于主有三：可杀而不可使处不完，可杀而不可使击不胜，可杀而不可使欺百姓，

夫是之谓三至。凡受命于主而行三军，三军既定，百官得序，群物皆正，则主不能喜，敌不能怒，夫是之谓至臣。虑必先事而申之以敬，慎终如始，终始如一，夫是之谓大吉。凡百事之成也必在敬之，其败也必在慢之，故敬胜怠则吉，怠胜敬则灭，计胜欲则从，欲胜计则凶。战如守，行如战，有功如幸。敬谋无圹，敬事无圹，敬吏无圹，敬众无圹，敬敌无圹，夫是之谓五无圹。慎行此六术、五权、三至，而处之以恭敬无圹，夫是之谓天下之将，则通于神明矣。』

译文

孝成王、临武君说：『说得好。请问如何做将领？』荀卿说：『将领最高的智慧莫过于放弃犹豫不决的谋略，最重要的行动莫过于不犯错误，最重要的事情莫过于毫无悔恨。事情做到了没有后悔的地步就可以了，不能要求一定取得成功。所以制度号令，要严肃而有权威；赏赐刑罚，要坚决实行而讲信用；军队驻扎的营垒和收藏物资的军库，要周密而牢固；军队的转移行动，既要安全而稳重，又要迅疾而快速；侦探敌情、观察它的变动，既要隐蔽而深入，又要多方比较而分析验证；对付敌人决定战略战术，一定要按照自己所了解的情况来决定，不要按照自己还在怀疑的情况去决定；这些叫做六种战术策略。不要热衷于行动而厌恶止息，不要急于求胜而忘记了有失败的可能，不要只对内部威严而对外轻敌，不要只看见有利的一面而不顾有害的一面，凡是考虑事情都要深思熟虑，而用财物进行奖赏则要慷慨大方，这些就叫做五种权术。不服从君主命令的原因有三种：宁可被杀死也不可使自己的军队驻扎在守备不坚固的地方，宁可被杀死也不可使自己的军队去攻击不可能打败的敌人，宁可被杀死也不可使自己的军队去欺负百姓，这叫做三条最高的原则。大凡听从君主的命令而去统帅三军的将领，把三军安排妥当，各级军官都各司其职，

各种事情都正常地运转，那么君主的奖赏就不会让他沾沾自喜，敌人的奸计也不会使他愤怒，这就叫做最合格的将领。一定要在战事发生之前深思熟虑，并且以谨慎的态度重视它，谨慎地对待事情的结束，就像对待事情的开始时一样，始终如一，这就叫做最大的吉利。大凡各种事情成功，都在于谨慎，失败必定在于怠慢，所以谨慎胜过怠慢就吉利，怠慢胜过谨慎就会灭亡，冷静的谋划胜过冲动的欲望就顺利，冲动的欲望胜过冷静的谋划就凶险。作战时像防守一样谨慎，行军时要像作战一样警惕，有了战功要像是侥幸获得。谨慎对待谋划而不要疏忽大意，谨慎对待战事而不要疏忽大意，谨慎对待军吏而不要疏忽大意，谨慎对待士兵而不要疏忽大意，谨慎对待敌人而不要疏忽大意，这就叫做五种不疏忽大意。谨慎地根据这六种策略、五种权衡、三条最高原则办事，并且用恭敬严谨的态度来处理一切，这就叫做天下无敌的将领，他用兵就可以和神明相通了。」

原文

临武君曰：『善。请问王者之军制。』孙卿子曰：『将死鼓，御死辔，百吏死职，士大夫死行列。闻鼓声而进，闻金声而退；顺命为上，有功次之；令不进而进，犹令不退而退也，其罪惟均。不杀老弱，不猎禾稼，服者不禽，格者不舍，犇命者不获。凡诛，非诛其百姓也，诛其乱百姓者也；百姓有捍其贼，则是亦贼也。以故顺刃者生，苏刃者死，奔命者贡。微子开封于宋；曹触龙断于军；殷之服民所以养生之者也，无异周人；故近者歌讴而乐之，远者竭蹶而趋之，无幽闲辟陋之国，莫不趋使而安乐之，四海之内若一家，通达之属莫不从服，夫是之谓人师。《诗》曰：「自西自东，自南自北，无思不服。」此之谓也。王者有诛而无战，城守不攻，兵格不击，上下相喜则庆之，不屠城，不潜军，不留众，师不越时。故乱者乐其政，不安其上，欲其至也。』临武君曰：『善！』

译文

临武君说：『说得好。请问称王天下的君主的军队的法令制度。』荀卿说：『将军指挥军队前进的时候，即使牺牲也不能后退，驾驭战车的至死不能丢下缰绳，各级官吏至死也不离开职位，战士至死都在队伍之中。听见战鼓的声音就前进，听见钲的声音就后退；服从命令是首要的，取得战功是次要的；命令不准前进却前进，就像命令不准后退却后退一样，它们的罪过是相同的。不杀害年老体弱的，不践踏庄稼，对不战而退的敌人不捉拿，对抵抗的敌人不放过，对前来投顺的敌人不把他当作俘虏。凡是讨伐杀戮，不杀害那些百姓，而是诛杀扰乱百姓的人；百姓中如果有保护那些贼寇的，那么他也就是贼寇了。因为这个缘故，所以不战而退的就让他活命，顽强抵抗的就把他杀死，前来投顺的就赦免他的罪行。微子启归顺周朝而被封在宋国；曹触龙负隅顽抗而死在军中；商王朝那些归顺的百姓，周朝对他们的养育，与对周朝的人没有什么不同；所以近处的人讴歌周朝而且欢迎周朝，远处的人不怕路途遥远艰辛来归顺它，无论是多么偏僻边远的国家，没有不接受他的驱使

微子

微子是商国的大臣，后来归顺周，而受封于宋。可见顺应时事，向义军而服者，必得昌盛，即『顺刃者生』。

夏禹班师

大禹发兵征讨不肯臣服的蛮夷，由于举着道义的大旗，军士都斗志昂扬，军纪严明。如此大军，蛮夷之民如何能抵抗？

而乐于、安于受到他的统治的。四海之内就像一个家庭一样，只要有人迹的地方就没有不服从的，这可以称作是百姓的君长了。《诗经》说：「从西到东，从南到北，没有谁不服从。」说的就是这种情况。称王天下的君主只有讨伐不义而没有攻战，敌人坚守城池之时不攻打，敌军顽强抵抗的时候不攻击，敌人官兵上下同心应该为他们庆贺，不摧毁城郭、屠杀居民，不秘密出兵偷袭，不把军队长期留在外面，军队出征不超过规定的时间。所以政治混乱的国家中的百姓都喜欢他的这些政策，而不爱自己的君主，都希望他的到来。』临武君说：『说得好！』

原文

陈嚣[1]问孙卿子曰：『先生议兵，常以仁义为本。仁者爱人，义者循理，然则又何以兵为？凡所为有兵者，为争夺也。』孙卿子曰：『非女所知也。彼仁者爱人，爱人，故恶人之害之也；义者循理，循理，故恶人之乱之也。彼兵者，所以禁暴除害也，非争夺也。故仁人之兵，所存者神，所过者化，若时雨之降，莫不说喜。是以尧伐驩兜[2]，舜伐有苗，禹伐共工，汤伐有夏，文王伐崇[3]，武王伐纣，此两帝、四王皆以仁义之兵行于天下也。故近者亲其善，远方慕其义；兵不血刃，远迩来服；德盛于此，施及四极。《诗》曰：「淑人君子，其仪不忒。」此之谓也。』

注释

①陈嚣：荀子的学生。②驩兜：古代部落名，尧时该部落的首领，曾被尧流放于崇山。③崇：商朝时一个诸侯国，在今河南嵩县北。

译文

陈嚣问荀卿说：『先生谈论用兵，常常把仁义作为根本。仁者爱人，义者遵循道理，既然这样，那么又为什么要用兵呢？大凡用兵的原因，就是为了争夺啊。』荀卿说：『这道理不是你所想的那样的。那些仁者爱人，因此他们就憎恶恶人去危害他人；义者遵循道理，因此就憎恶恶人去祸害他人。他们用兵，是为了禁止强暴、消除危害，并不是为了争夺啊。所以仁人的军队，他们所停留驻守的地方会出现尽善尽美、全面治理的局面，他们所经过的地方，百姓都会受到教化，就像及时雨的落下，没有人不喜悦的。因此尧讨伐驩兜、舜讨伐三苗、禹讨伐共工、汤讨伐夏桀、周文王讨伐崇国、周武王讨伐商纣，这两帝、四王都是凭借着仁义的军队驰骋于天下的。所以近处的人亲近他们的善良，远方的人仰慕他们的道义；他们的兵器上还没有沾上鲜血，远近的人就都来归顺了；德行美好到这种程度，影响就会遍及四方极远的地方。《诗经》中说：「善人君子忠于仁，坚持道义无差错。四方国家他坐镇。」说的就是这种情况啊。』

原文

李斯[①]问孙卿子曰：『秦四世有胜，兵强海内，威行诸侯，非以仁义为之也，以便从事[②]而已。』孙卿子曰：『非女所知也。女所谓便者，不便之便也。吾所谓仁义者，大便之便也。彼仁义者，所以修政者也；

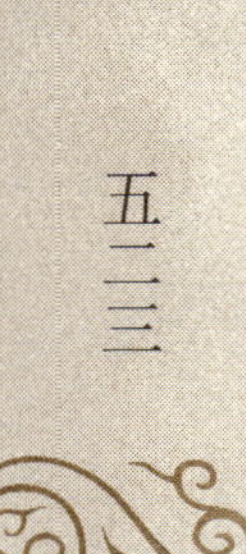

政修，则民亲其上，乐其君，而轻为之死。故曰：「凡在于君，将率末事也。」秦四世有胜，諰諰然常恐天下之一合而轧己也，此所谓末世之兵，未有本统也。故汤之放桀[3]也，非其逐之鸣条[4]之时也；武王之诛纣也，非以甲子[5]之朝而后胜之也；皆前行素修也，此所谓仁义之兵也。今女不求之于本而索之于末，此世之所以乱也。』

注释

①李斯：秦朝政治家，荀子的学生，曾先后任秦朝的廷尉和丞相，辅助秦始皇统一六国。②以便从事：顺着便利的形势行事。③汤之放桀：传说汤打败桀之后，把桀流放到历山。④鸣条：古地名，传说成汤讨伐夏桀的时候，大战于此地。⑤甲子：甲子日，是周武王打败商纣王的日子。

译文

李斯问荀卿说：『秦国四朝都保持强盛，在四海之内兵力最强大，威力扩展到诸侯各国之中，但他并不是依靠仁义去实现这种局面的，而只是顺着便利的形势去做罢了。』荀卿说：『这道理不是你所知道的。你所说的便利，不是真正便利的便利。我所说的仁义，才是极其便利的便利。那仁义，是用来把政治治理好的工具；政治治理好了，那么百姓就会亲近他们的君主，喜欢他们的君主，而且毫不犹豫地为他们的君主去牺牲。所以说：「一切都在于君主，将帅是次要的事。」秦国四朝都保持强盛，却还是提心吊胆地畏惧天下各国会联合起来一起颠覆自己，这就是百姓所说的乱世的军队，还没有抓住根本的纲领。所以从前商汤流放夏桀，并不是在鸣条大战追击的时候；武王诛杀商纣，并不是在甲子日早晨才战胜他的时候；而都是靠了原先一贯施行的措施与礼义，这就是我所说的仁义的军队。现在你不追求它的本源，而去探求它的细枝末节，这就是世道混乱的原因。』

礼者，治辨之极也，强国之本也，威行之道也，功名之总也。王公由之，所以得天下也；不由，所以陨社稷也。故坚甲利兵不足以为胜，高城深池不足以为固，严令繁刑不足以为威，由其道则行，不由其道则废。

译文

礼是治理国家的最高准则，是使国家强盛稳固的根本措施，是威力得以扩展的有效途径，是建立功民的要领。天子诸侯遵行了它，就统一了天下；不遵行它，就毁灭了国家。所以，坚固的铠甲、锋利的兵器不足以取得胜利，高耸的城墙、深深的护城河不足以巩固国防，严格的命令、繁多的刑罚不足以形成威势，遵行礼义之道才会取得成功，不遵行礼义之道就会遭到失败。

原文

楚人鲛革、犀兕以为甲，坚如金石；宛钜铁釶，惨如蜂虿；轻利僄遬，卒如飘风；然而兵殆于垂沙，唐蔑死；庄蹻起，楚分而为三四。是岂无坚甲利兵也哉？其所以统之者非其道故也。汝、颍以为险，江、汉以为池，限之以邓林，缘之以方城，然而秦师至而鄢、郢举，若振槁然。是岂无固塞隘阻也哉？其所以统之者非其道故也。纣刳比干，囚箕子，为炮烙刑，杀戮无时，臣下懔然莫必其命，然而周师至而令不行乎下，不能用其民。是岂令不严、刑不繁也哉？其所以统之者非其道故也。

译文

楚国人用鲨鱼皮、犀兕皮做成铠甲，坚硬得就像金属、石头一样；用宛地出产的坚硬的钢铁做成长矛，狠毒得就像蜂、蝎的毒刺一样；士兵行动轻快敏捷，迅速得就像疾风一样；但是最终却是兵败垂沙，大将唐蔑阵亡；庄蹻起兵造反，楚国便四分五裂了。这难道是因为没有坚固的铠甲、锋利的兵器吗？这是由于他们统治自己的国家没有遵行礼义之道的缘故啊。楚国以汝水、颍水作为天险，以长江、汉水作为护城河，把邓地一带的山林作为屏障，方城环绕保护着自己，但是秦军一到，鄢、郢就被占领了，好像是枯叶被吹一样。这难道是因为没有坚固的要塞、显要的地形吗？这是由于他们用来统治国家的不是礼义之道的缘故啊。商纣王将比干剖腹挖心，囚禁了箕子，设置了炮烙的酷刑，任意杀戮，臣下都战战兢兢，不知道是否能保住自己的性命，但是周军一到，商纣王的命令就无法在下面贯彻执行了，他就不能调动自己的百姓了。这难道是因为法令不严酷、刑罚不繁多吗？这是由于他统治自己国家没有遵循礼义之道的缘故啊。

原文

古之兵，戈、矛、弓、矢而已矣，然而敌国不待试而诎；城郭不辨，沟池不抇，固塞不树，机变不张，然而国晏然不畏外而明内者，无它故焉，明道而分钧之，时使而诚爱之，下之和上也如影向。

兕

兕，是古书上的雌性犀牛，皮革坚硬。楚人以犀兕皮为铠甲，以钢铁铸成长矛，兵士凌厉勇猛，但最终兵败垂沙，是因为楚兵『所以统之者非其道』。

有不由令者，然后诛之以刑，故刑一人而天下服，罪人不邮其上，知罪之在己也。是故刑罚省而威流，无它故焉，由其道故也。古者帝尧之治天下也，盖杀一人、刑二人而天下治。传曰：『威厉而不试，刑错而不用。』此之谓也。

译文

古代圣王的兵器，不过是戈、矛、弓、箭而已，但是敌国没有等到他使用就屈服了；他的城墙还没有整修，护城河还没有挖掘，坚固的要塞还没有建立，机智变诈还没有实施，但是他的国家却安然宁静不畏惧外敌而又能昌盛稳固，这没有别的缘故，是由于明确了礼义之道，而且按照等级名分来协调臣民，适时使用百姓，真诚地爱护百姓，因而臣民附和君主就像影子和回响符合形体声音一样。有不遵从命令的，才用刑罚来处罚他，所以惩罚了一个人而天下都信服了，罪犯也不怨恨自己的君主，知道罪责在他自己身上。所以刑罚用得少而威力却像流水一样畅行无阻，这没有别的缘故，是因为遵行了礼义之道的缘故。古代帝尧治理天下，只杀了一个人，处罚了两个人，而天下就得到了很好的治理。古书上说：『权威严正而不使用，刑罚设置而不施行。』说的就是这个道理啊。

原文

凡人之动也，为庆赏为之，则见害伤焉止矣。故赏庆、刑罚、势诈不足以尽人之力、致人之死。为人主上者也，其所以接下之百姓者，无礼义忠信焉，虑率用赏庆、刑罚、势诈除阨其下获其功用而已矣。大寇则至，使之持危城，则必畔；遇敌处战，则必北；劳苦烦辱，则必奔；霍焉离耳，下反制其上。故赏庆、刑罚、势诈之为道者，佣徒鬻卖之道也，不足以合大众、美国家，故古之人羞而不道也。故厚德音以先之，明礼义

以道之，致忠信以爱之，尚贤使能以次之，爵服庆赏以申之，时其事、轻其任以调齐之，长养之，如保赤子。政令以定，风俗以一，有离俗不顺其上，则百姓莫不敦恶，莫不毒孽，若祓[1]不祥，然后刑于是起矣。是大刑之所加也，辱孰大焉？将以为利邪？则大刑加焉。身苟不狂惑戆陋，谁睹是而不改也哉？然后百姓晓然皆知修上之法、像上之志而安乐之。于是有能化善、修身、正行、积礼义、尊道德，百姓莫不贵敬，莫不亲誉，然后赏于是起矣。是高爵丰禄之所加也，荣孰大焉？将以为害邪？则高爵丰禄以持养之。生民之属，孰不愿也？雕雕焉县贵爵重赏于其前，县明刑[2]大辱于其后，虽欲无化，能乎哉？故民归之如流水，所存者神，所为者化而顺：暴悍勇力之属为之化而愿，旁辟曲私之属为之化而公，矜纠收缭之属为之化而调，夫是之谓大化至一。《诗》曰：『王犹允塞，徐方既来。』此之谓也。

注释

①祓：古代一种除灾驱邪的仪式，此处指消除、驱除。②明刑：刑罚的名称。将犯人的冠饰除去，将犯人的罪状写在板子上，并插在他背部来公开示众。

译文

大凡百姓的行动，如果是为了赏赐和表扬而去做的，那么当他们受到损害的时候就不会去做了。所以赏赐表扬、行刑处罚、权谋欺诈不足以使百姓竭尽全力，以致献出生命。作为百姓的君主，他们用来对待百姓的，不是礼义忠信，而只是赏赐表扬、行刑处罚、权谋欺诈去欺骗控制自己的百姓，以获得他们的成果罢了。如果强大的敌寇来临，让他们去把守孤立无援的城邑，百姓必定会叛变；让他们去抵抗敌人，就一定会打败仗；让他们去做繁重艰苦的事，必定会逃跑，迅速地人心涣散四分五裂，反过来却制约了自己的君主。所以赏赐表扬、行刑处罚、权谋欺诈作为一种办法，不过是一种让受雇佣的人出卖气力的办法，它不足以团结广大百姓、使国家的风俗淳美，所以古代的圣王认为可耻而不遵行它。古代的圣王重视道德声誉来影响百姓，彰明礼制道义来引导百姓，尽力做到忠诚守信来爱护百姓，崇尚贤人、任用能人来安排百姓的职位，用爵位、服饰来赏赐激励百姓，适时地安排劳动，减轻他们的负担，来调整统一他们，抚养他们，就像保护初生的婴儿一样。政策法令因此而稳定，风气习俗因此而一致，如果还有违背习俗而不顺从自己君主的，那么百姓就没有谁不厌恶他，就没有谁不痛恨他，就像消除不吉祥的东西一样要除掉这个人，于是，刑罚自然而然就产生了。重刑施加在这种人身上，还有比这更大的耻辱吗？要把不顺从君主看做是有利的事吗？但是重刑加在身上啊。只要不是发疯、糊涂、愚蠢、浅陋的人，谁能看到了这种处罚而不改过自新呢？这样做了以后，百姓都明明白白地知道要遵从君主的法令，顺从君主的意志，爱戴自己的君主。在这种情况下，如果有人能够改恶从善、修养身心、端正行为、不断奉行礼义、崇尚道德，百姓就没有谁不器重尊敬他，就没有谁不亲近赞誉他，于是，奖赏也就随之而产生了。高官厚禄加在他们身上，还有比这个更大的荣耀呢？还会将此看成有害的事吗？可是用高官厚禄供养着他们，谁不羡慕呢？明明白白地高官厚禄等奖赏摆在他们的面前，罪行的刑罚与最大的耻辱放在他们的后面，有人即使不想被感化，可能吗？所以百姓归顺这样的君主就像流水奔向大海一样，君主所在的地方就得到全面的治理，凡是采取这种措施的地方，百姓都受到教化而顺服：残暴、凶狠只知道使用武力之类的人受到这些感化而变得忠厚老实，偏颇、邪僻之类的人受到这些感化而变得大公无私，骄傲自大之类的人受到这些感化而变得和气温顺，这就叫做教化到了顶点。《诗经》中说：『王道遍行于四海，各方都来归顺。』说的就是这种情形啊。

秦始皇

秦王嬴政，依仗秦国兵力强盛，攻伐六国，终于兼并六合，但最后由于穷兵黩武，秦国兵力衰弱，在统一后不久，秦王统治就被起义推翻。

原文

凡兼人者有三术：有以德兼人者，有以力兼人者，有以富兼人者。彼贵我名声，美我德行，欲为我民，故辟门除涂以迎吾入。因其民，袭其处，而百姓皆安，立法施令莫不顺比。是故得地而权弥重，兼人而兵俞强。是以德兼人者也。非贵我名声也，非美我德行也，彼畏我威，劫我势，故民虽有离心，不敢有畔虑。若是，则戎甲俞众，奉养必费。是故得地而权弥轻，兼人而兵俞弱。是以力兼人者也。非贵我名声也，非美我德行也，用贫求富，用饥求饱，虚腹张口来归我食。若是，则必发夫掌窌之粟以食之，委之财货以富之，立良有司以接之，已期三年，然后民可信也。是故得地而权弥轻，兼人而国俞贫。是以富兼人者也。故曰：以德兼人者王，以力兼人者弱，以富兼人者贫。古今一也。

译文

一般来说，兼并别的国家的方法有三种：有依靠德行兼并别国的，有依靠武力兼并别国的，有依赖财富兼并别国的。别的国家百姓景仰我的名声，赞赏我的德行，希望成为我的百姓，所以打开国门，休整清除道路来迎接我进城。进入之后，沿袭这个国家百姓的

习俗，不改变他们的住处，而百姓都很安宁，对我制定的法律与颁布的法令，百姓无不顺从。所以我得到了土地而权势越来越大，兼并了别国而兵力越来越强。这就是依靠德行兼并别的国家。那个国家的百姓并不是景仰我的名声，也不是赞赏我的德行，他们只是畏惧我的威武，迫于我的声势，所以百姓虽然有背离我的心思，也不敢有背叛我的意图。像这样，那么我所需要的兵力就会越来越多，所需要的给养就越来越大。所以得到了土地而权势却越来越弱，兼并了别国而兵力却越来越弱。这就是依靠武力兼并别的国家。那个国家的百姓并不是景仰我的名声，也不是赞赏我的德行，而是因为贫穷想要求得富裕，因为饥饿想要吃饱，所以空着肚子张着嘴来到我这里求食。像这样，就必须打开米仓地窖把粮食分给他们吃，给他们财物来使他们富裕，委任善良的官吏来管理照顾他们，三年之后，然后这些归附的老百姓才可以信任。所以，得到了土地而权势却越来越弱，兼并了别国而自己的国家却越来越贫穷。这是依靠财富去兼并别的国家。所以说：依靠德行兼并别国的君主称王天下，依靠武力兼并别国的君主衰弱，依靠财富兼并别国的君主贫穷。古往今来，都是这个道理。

原文

兼并易能也，唯坚凝之难焉。齐能并宋[①]，而不能凝也，故魏夺之[②]。燕能并齐[③]，而不能凝也，故田单夺之[④]。韩之上地[⑤]，方数百里，完全富足而趋赵[⑥]，赵不能凝也，故秦夺之[⑦]。故能并之而不能凝，则必夺；不能并之又不能凝其有，则必亡。能凝之，则必能并之矣。得之则凝，兼并无强。古者汤以薄[⑧]，武王以滈，皆百里之地也，天下为一，诸侯为臣，无它故焉，能凝之也。故凝士以礼，凝民以政。礼修而士服，政平而民安。士服民安，夫是之谓大凝。以守则固，以征则强，令行禁止，王者之事毕矣。

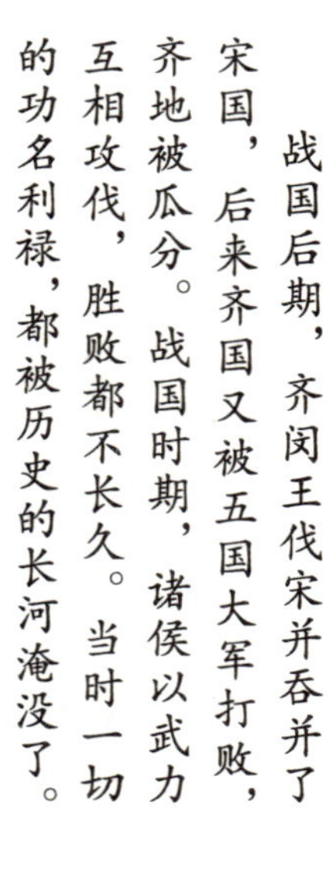

齐王伐宋

战国后期，齐闵王伐宋并吞并了宋国，后来齐国又被五国大军打败，齐地被瓜分。战国时期，诸侯以武力互相攻伐，胜败都不长久。当时一切的功名利禄，都被历史的长河淹没了。

注释

①齐能并宋：前286年，齐国讨伐宋国，宋王偃（康王）出逃，死于温，齐国兼并了宋国。②魏夺之：前284年，魏与秦、赵、韩、燕共同伐齐，临淄被攻破，齐闵王出逃，齐国被瓜分。③燕能并齐：前284年，燕昭王派大将乐毅率兵攻齐，攻占了齐国七十余座城池。④田单夺之：指齐国将领田单收复被燕国占领的齐国的七十余座城池。⑤上地：指上党。⑥趋赵：归顺赵国，前262年，秦国将领白起攻打韩国，上党郡守冯亭不愿降秦之事。⑦秦夺之：指前260年，秦国攻占上党之事。⑧薄：通『亳』。

译文

兼并别国容易做到，只是巩固凝聚它就很困难。齐国能够兼并宋国，但是却不能巩固凝聚，所以魏国又夺走了宋国。燕国能够兼并齐国，但是却不能巩固凝聚，所以田单又将它夺了回去。韩国的上党地区，方圆几百里，城池完备无损，府库充足而归顺了赵国，赵国却不能巩固凝聚它，所以秦国又夺取了它。所以，能够兼并别国的土地而不能巩固凝聚的，就一定还会被夺走；不能够兼并别国

又不能巩固凝聚自己原来拥有的国家的，就一定会遭到灭亡。能巩固凝聚自己的国家，就必定能兼并别国。得到别国的土地就予以巩固凝聚，那么再去兼并别国就会天下无敌了。古代商汤凭借亳，周武王凭借滈，都不过是方圆百里的地方，而却使天下统一，诸侯称臣，没有别的缘故，是因为他们能够巩固凝聚啊。巩固凝聚士人要依靠礼义，巩固凝聚百姓要依靠政策。礼义搞好了，士人就会归服；政治清明了，百姓就会安定。士人归服、百姓安定，这叫做最大的巩固凝聚。靠这种政治局面来防守就会牢不可破了，靠它来征伐别的国家就会强大无比了，就会令行禁止，这样，称王天下的事业就完备了。

天论

天行有常，不为尧存，不为桀亡。应之以治则吉，应之以乱则凶。强本而节用，则天不能贫；养备而动时，则天不能病；循道而不忒，则天不能祸。故水旱不能使之饥，寒暑不能使之疾，祆怪不能使之凶。本荒而用侈，则天不能使之富；养略而动罕，则天不能使之全；倍道而妄行，则天不能使之吉。故水旱未至而饥，寒暑未薄而疾，祆怪未至而凶。受时与治世同，而殃祸与治世异，不可以怨天，其道然也。故明于天人之分，则可谓至人矣。

自然界的变化规律是永恒不变的，并不会因为尧而存在，也不会因为桀而灭亡。用适当的措施加以适应就会收获吉利，相反，用不合适的措施去适应就会招致凶险。加强农业生产同时节约用度，那么天自然不会使他贫穷；衣食充足而让百姓按时令劳作，同时进行适时的活动，那么天自然不会使他困苦；按照规律办事同时又不出差错，那么天自然不会使他遭殃。这样的话，水旱灾害都不能使他挨饿，酷暑严寒都不能让他生病，自然界的异常变化不能使他遭殃。荒废农业同时又奢侈无度，那么天自然不会使他富裕；衣食没有充足的供给同时又很少活动，那么天自然不会使他健康地生存下去；背离规律同时又肆意而为，那么天自然不会使他吉利。因此水旱灾害没有来临他就挨饿了，酷暑严寒没有降临他就生病了，自然界异样的变化还没有出现他就遭殃了。混乱和安定社会遇到的天时都是一样的，而混乱时遭受祸患，安定时情形与之相反，这不可以埋怨天，这是人施行了不合理的措施造成的。因此懂得了大自然与人类社会的区分，

星

天上星座因时令改换而变换位置。日月轮转，繁星变换，四时互相更替，这些都是自然规律，在荀子看来，这叫做『神』。

就能够算得上是一个思想修养很高的人了。

原文

不为而成，不求而得，夫是之谓天职。如是者，虽深，其人不加虑焉；虽大，不加能焉；虽精，不加察焉；夫是之谓不与天争职。天有其时，地有其财，人有其治，夫是之谓能参。舍其所以参，而愿其所参，则惑矣！

译文

不去行动就能获得成功，不去索求就能得到，这可以称其为自然的天职。类似这样的事情，就算是很有意义，思想境界高深的人对它也不会加以思考；就算影响力很大，思想境界高深的人对它也不会加以干预；就算是道理十分的精妙，思想境界高深的人对它也不会加以发掘，这种状态称之为不与自然争职能。天有它自己的时令和季节，地有它自己的资源和物产，人能利用有利条件加以治理，这即是一种能够和谐相处的状态。假使人舍弃了自己与天、地相生的治理方法，而只是一味地寄希望于和自己并列的天、地，就太糊涂了。

原文

列星随旋，日月递炤，四时代御，阴阳大化，风雨博施。万物

各得其和以生，各得其养以成。不见其事而见其功，夫是之谓神。皆知其所以成，莫知其无形，夫是之谓天。唯圣人为不求知天。

译文

天空中的繁星互相伴随旋转，太阳和月亮轮流照耀大地，四季接替控制着节气，阴阳二气生成万物，风雨施惠于万物生灵。万物在阴阳和气中不断地产生，得到了风雨的滋养并且不断地成长。万物由阴阳之气转化生成的过程我们难以看到，看到的只有万物形成的成果，这叫做神。人们知道的只是阴阳生成的万物，却对万物生成的过程知之甚少，这叫做天的生成之功。只有圣人才知道只尽人事而不寻求去通晓天。

原文

天职既立，天功既成，形具而神生，好恶、喜怒、哀乐臧焉，夫是之谓天情。耳、目、鼻、口、形，能各有接而不相能也，夫是之谓天官。心居中虚，以治五官，夫是之谓天君。财非其类，以养其类，夫是之谓天养。顺其类者谓之福，逆其类者谓之祸，夫是之谓天政。暗其天君，乱其天官，弃其天养，逆其天政，背其天情，以丧天功，夫是之谓大凶。圣人清其天君，正其天官，备其天养，顺其天政，养其天情，以全其天功。如是，则知其所为、知其所不为矣，则天地官而万物役矣，其行曲治，其养曲适，其生不伤，夫是之谓知天。

译文

自然的能力已经确立，自然的功绩已经显现，人的形体诞生，精神也就随之产生了，喜爱与讨厌、兴奋与压抑、哀伤与快乐都在人的形体和精神里面蕴藏着，这是人天生具有的情感。耳朵、眼睛、鼻子、嘴巴、身体，根据它们的功能来看，它们的感受对象各不相同而且不能互相替代，这些都是天生的感官。心

脏位于身体的胸腔内，它的职能是管理这五种感官，这就是天生的主宰者。人能够利用与自己不同类的万物，用它们来供养自己的同类，这种供养是源自于天然的。有能力让自己的同类听从自己的意志叫做福，招致同类的攻击叫做祸，这种政治原则也是源自于天然的。天生的主宰者被弄混乱，天生的感官被扰乱，天然的供养被丢弃，天然的政治原则被违反，天生的情感被背离，天的生成之功也就随之丧失了，这称之为大凶。圣人能够清楚地认识到自己那天生的主宰，有能力运用好自己那天生的感官，尽力完备那些天然的供养，自觉地去顺应天然的政治原则，细心保护那天生的情感，以此来保全天的生成之功。这样的话，才是真正明白了什么事情是自己应该做的，明白了什么事情是自己不应该做的，就能做到利用天地从而操纵万物了，他的行动也就开始变得有条理，他的保养也就能应时地产生，他的生命就能由此保全，这就能称之为了解了天。

故大巧在所不为，大智在所不虑。所志于天者，已其见象之可以期者矣；所志于地者，已其见宜之可以息者矣；所志于四时者，已其见数之可以事者矣；所志于阴阳者，已其见知之可以治者矣。官人守天而自为守道也。

译文

因此，最高超的技巧在于顺应自然不蛮干，最高超的智慧在于顺应自然不多想。对上天来说，所要了解的，只是它天象中呈现出来的那些可以测定气候变化的天文数据而已；对大地来说，所要了解的，只是它呈现出的适宜条件中利于种植庄稼的地文资料而已；对四季来说，所要了解的，只是它们呈现出的规律中可以用来安排农业生产的节气而已；对阴阳来说，所要了解的，只是它们呈现出的和气中能有利于事物的因素而已。圣人完全可以让其他的人来掌握这些自然现象，让自己专心去研究治理国家的原则。

原文

治乱，天邪？曰：日月、星辰[1]、瑞历[2]，是禹、桀之所同也；禹以治，桀以乱；治乱非天也。时邪？曰：繁启、蕃长于春夏，畜积、收藏于秋冬，是又禹、桀之所同也；禹以治，桀以乱；治乱非时也。地邪？曰：得地则生，失地则死，是又禹、桀之所同也；禹以治，桀以乱；治乱非地也。《诗》曰：『天作高山，大王荒之；彼作矣，文王康之。』此之谓也。

注释

①星辰：两词皆指星。还有将其分开而论的，即星指金、木、水、火、土五大行星，辰则指二十八宿。

②瑞历：历象。古代制造璇、玑、玉衡以象征日月星辰运行，故称瑞历。

译文

一个社会的治乱，是上天决定的吗？回答说：太阳、月亮、星辰、历象，这在禹与桀的时代是完全一样的。禹运用他们让天下安定，桀运用他们让天下混乱；这可以看出，社会的安定或是混乱，上天并不是决定性因素。那是季节的原因吗？回答说：庄稼在春夏两季相继发芽，并且茂盛地生长，在秋冬两季收获、储藏，这在禹与桀的时代又是完全相同的；然而，禹使得天下安定，桀使得天下混乱；由此可以看出，社会的安定或混乱，季节并不是决定性因素。那是大地的原因吗？回答说：庄稼拥有了大地就会生长，离开了大地就会死亡，这一道理在禹与桀的时代又是相同的；禹使得天下安定，桀使得天下混乱；由此可知，社会的安定或混乱，大地并不是决定性因素。《诗经》中曾说：『天生高耸的岐山，太王让它得以发展；太王已

经建造这座都城，文王给了它长久的平安。』说的就是这个意思。

天不为人之恶寒也辍冬，地不为人之恶辽远也辍广，君子不为小人之匈匈也辍行。天有常道矣，地有常数矣，君子有常体矣。君子道其常，而小人计其功。《诗》曰：『礼义之不愆兮，何恤人之言兮？』此之谓也。

译文

上苍不会因为人们讨厌寒冷就隐藏冬季，土地不会因为人们讨厌辽远就损失宽广，君子不会因为小人的奚落误解就停止自己前进的脚步。上天的规律是无法改变的，大地的法则是无法改变的，君子的规矩也是无法改变的。君子遵循的是常规，小人看中的是功利。《诗经》中讲道：『礼义上没有犯任何的错误，何必为人们的议论而烦心？』说的就是这个意思。

楚王后车千乘，非知也；君子啜菽饮水，非愚也；是节然也。若夫志意修，德行厚，知虑明，生于今而志乎古，则是其在我者也。故君子敬其在己者，而不慕其在天者；小人错其在己者，而慕其在天者。君子敬其在己者，而不慕其在天者，是以日进也；小人错其在己者，而慕其在天者，是以日退也。故君子之所以日进与小人之所以日退，一也。君子、小人之所以相县者，在此耳！

译文

楚王出行时随行的车子有上千辆，其中的原因并不是他聪明；君子吃粗茶淡饭，其中的原因并不是他愚蠢；这种情况之所以出现，是时势命运造成的。至于思想高尚，德行优良，谋虑过人，生在今世而以古

彗星

彗星，古代称其为怪异之星，因其形如扫帚，俗称扫帚星。古人以彗星出现为凶兆。

时的礼法要求自己，能否这样就取决于我们自己了。因此，君子对那些取决于自己的事情很是小心谨慎，对那些取决于上天的东西毫无羡慕之情；小人则是放弃去做那些取决于自己的事情，一味地指望那些取决于上天的东西。正是因为君子对那些取决于自己的事情很是小心谨慎，对那些取决于上天的东西毫无羡慕之情，所以才能得到日新月异的发展；小人则是放弃去做那些取决于自己的事情，一味地指望那些取决于上天的东西，所以才一日不如一日。从这个意义上讲，君子进步的原因和小人退步的原因从根本上是一样的。君子、小人差别之所以如此的大，原因就在这里。

原文

星队、木鸣，国人皆恐，曰：是何也？曰：无何也。是天地之变、阴阳之化、物之罕至者也。怪之，可也；而畏之，非也。夫日月之有蚀，风雨之不时，怪星之党见，是无世而不常有之。上明而政平，则是虽并世起，无伤也；上暗而政险，则是虽无一至者，无益也。夫星之队、木之鸣，是天地之变、阴阳之化、物之罕至者也。怪之，可也；而畏之，非也。

【译文】

流星坠落、树木作响，国家中的人都感到害怕，说：为什么会是这样的呢？回答说：这没有什么值得害怕的啊。这是自然界的正常变异、阴阳二气的交替，事物中很少出现的现象啊。认为它奇怪，可以理解；但害怕它，就不能理解了。像太阳、月亮所发生的日食、月食，狂风暴雨毫无规律地突然出现，奇怪的星象刹那间出现，这些现象在任何社会都发生过。有了英明的君主和开明的政治，这些现象即使同时发生，也没有什么值得害怕的；假使国家拥有的是愚昧的君主和险恶的政治，这些现象即使都没有出现，也不会有任何的好处。流星坠落、树木作响，本是自然界的变异、阴阳二气的交替，事物中很少出现的现象啊。认为它奇怪，可以理解；但害怕它，就不能理解了。

【原文】

物之已至者，人祆则可畏也。楛耕伤稼，楛耘失岁，政险失民，田芜稼恶，籴贵民饥，道路有死人，夫是之谓人祆；政令不明，举错不时，本事不理，夫是之谓人祆；礼义不修，内外无别，男女淫乱，则父子相疑，上下乖离，寇难并至，夫是之谓人祆。祆是生于乱。三者错，无安国。其说甚尔，其灾甚惨。勉力不时，则牛马相生，六畜作祆。可怪也，而不可畏也。传曰：『万物之怪，书不说。』无用之辩，不急之察，弃而不治。若夫君臣之义，父子之亲，夫妇之别，则日切瑳而不舍也。

【译文】

在已经形成的事情中，人事上的异常现象才是可怕的。不精心地耕种伤害了庄稼，敷衍地锄草阻碍了生长，险恶的政治失掉了民心，田地荒芜收成糟糕，昂贵的米价使得百姓挨饿，道路上有死于饥寒的人，

所有这些就是人事上的异常现象；政策法令含混，行动的措施不够恰当，一国之基的农业生产无人监管，征兵不考虑农时，这样的话，牛就会生出像马一样的怪物，马就会生出像牛一样的怪物，六畜就会出现异乎寻常的状态，这些都称之为是人事上的反常现象；礼义不严谨的政治，内外不作严格的区分，男女没有恪守自己的规范，父子之间没有了正常的秩序，君臣之间失去了共同的目标，外寇内乱随时都会产生，所有这些称为人事上的异常现象。人事上的异常现象是产生于昏乱的状态。如果以上三类异常现象交替发生，安宁的国家就不可能出现了。要想解释这种人事上的异常现象是很容易的，但它造成的灾难却是难以估算的。是可怕的，但没有什么可奇怪的。古书中说：『各种事物出现的怪现象，书上不去解释。』毫无用处的辩说，是无需明说的，应该抛弃而非进一步地探讨。至于那些君臣间的道义问题，父子间的亲情问题，男女间的区别问题，还是应该每天探讨思考而不能抛弃的啊。

原文

雩[①]而雨，何也？曰：无何也，犹不雩而雨也。日月食而救之[②]，天旱而雩，卜筮[③]然后决大事，非以为得求也，以文之也。故君子以为文，而百姓以为神。以为文则吉，以为神则凶也。

注释

①雩：古代为求雨而举行的一种祭祀活动。②日月食而救之：古人认为日食、月食是『天狗』吃掉太阳、月亮的原因，敲击盆鼓来把『天狗』赶走。③卜筮：古代人占卜用语，用龟甲占卜叫卜，用蓍草占卜叫筮。

译文

祭神求雨之后就下雨了，原因是什么呢？回答说：这没有什么奇怪的，这就和没有祭神求雨而下雨是一样的。太阳、月亮发生了日食、月食就解救它们，天气产生了干旱问题就祭神求雨，决定大事之前都要占卜算卦，并不是因为这些行动能得到所要祈求的东西，而是一种文饰，用来表示对问题的关切。正是这个原因，君子把这些活动当成为一种文饰，而老百姓却认为这些事很是神奇。把它们当成是一种文饰就吉利，把它们当成是神奇之事就不吉利了。

原文

在天者莫明于日月，在地者莫明于水火，在物者莫明于珠玉，在人者莫明于礼义。故日月不高，则光晖不赫；水火不积，则晖润不博；珠玉不睹乎外，则王公不以为宝；礼义不加于国家，则功名不白。故人之命在天，国之命在礼。君人者，隆礼、尊贤而王，重法、爱民而霸，好利、多诈而危，权谋、倾覆、幽险而尽亡矣。

译文

天上的东西再没有能比太阳、月亮更明亮的了，地上的东西再没有比水、火更明亮的了，物品之中再没有比珍珠、宝玉更明亮的了，人类社会中再没有比礼义更明亮的了。假如太阳、月亮没有高悬在空中，它们的光辉就不会那么的显著；假如水、火不积聚在一起，火的光辉、水的润泽就不会那么的明亮广大；假如珍珠，宝玉的光彩没有表现在外，那么天子、诸侯也就不会认为它们是世间最珍奇罕见的宝贝，假如礼义没有推广到国家的各个地方，那统治者的功业就不会名声远播。因此人的命运在于天，国家的命运在于礼义。统治国家和人民的君主，如果以礼义为上、重用贤人，自然能称王天下；看重法治、关爱民众，

自然能称霸诸侯，贪图财利、长于欺诈，自然就会招致灾祸；玩弄权势、坑害人民、险恶刁钻，自然会招致彻底灭亡的后果。

大天而思之，孰与物畜而制之？从天而颂之，孰与制天命而用之？望时而待之，孰与应时而使之？因物而多之，孰与骋能而化之？思物而物之，孰与理物而勿失之也？愿于物之所以生，孰与有物之所以成？故错人而思天，则失万物之情。

认为大自然神圣而思慕它，哪里能比得上把它当作物资储备来操纵它呢？顺从自然而赞扬它，哪里能比得上掌握自然规律并且不断地运用它？期盼时令而等待它，哪里能比得上因时而动来让它为我所用？依托万物的自然属性，哪里能比得上发挥人的才能让它的变化符合人的意志？思恋万物而把它们排除在自己的思想之外，哪里能比得上管理好万物从而永久地控制它？想要知道万物产生的缘由，哪里能比得上占有自然中已经产生的万物？因此放弃了人自身的努力单单指望于天，就违背了万物的最本质的东西。

原文

百王之无变，足以为道贯。一废一起，应之以贯。理贯，不乱。不知贯，不知应变。贯之大体未尝亡也。乱生其差，治尽其详。故道之所善，中，则可从；畸，则不可为；匿，则大惑。水行者表深，表不明，则陷；治民者表道，表不明，则乱。礼者，表也。非礼，昏世也；昏世，大乱也。故道无不明，外内异表，隐显有常，民陷乃去。

译文

每个朝代帝王都坚守的东西，是可以用来作为完善的政治原则来遵循的。国家的兴衰交替出现，都应该有一个通用的政治原则去应对。有一个通用的原则，国家就会太平。假如不知道一贯的原则，将要发生的变化会是无法预测的。这种原则所包含的内容一直就存在。社会之所以混乱，是由于在实施原则的时候出了差错；社会之所以安定，是由于在实施这些原则时考虑十分周详。因此，那些被人们称为好的东西，假使它们符合这种原则，就可以大胆地施行；如果背离了这种原则，就要坚决地排斥；因为假如违反了这种原则，极大的迷惑就会在人们心中产生。跋涉于水中的人用某些特定的标志来测量深度，假如标志是不明确的，人就会被深水淹死；治理国家的君主用标准来衡量政治，假如说这种标准不明确，混乱的状态就会发生。礼制指的就是治理民众的标准。违背了礼制，昏暗的社会就会形成；有了昏暗的社会，就有动乱随之而来。

因此，政治原则是能够用在各个国度的，对外对内时标准是不一样的，对隐蔽或显露之事，都有一定的规则，民众的灾难就能避免了。

原文

万物为道一偏，一物为万物一偏。愚者为一物一偏，而自以为知道，无知也。慎子有见于后，无见于先；老子有见于诎，无见于信；墨子有见于齐，无见于畸；宋子有见于少，无见于多。有后而无先，则群众无门；有诎而无信，则贵贱不分；有齐而无畸，则政令不施；有少而无多，则群众不化。《书》曰：『无有作好，遵王之道；无有作恶，遵王之路。』此之谓也。

公孙龙

公孙龙是战国时期的思想家，是名家的代表人物。他的主要观点有『白马非马论』『离坚白论』，虽然有一定合理性，但是已陷入『诡辩』。荀子斥他为『惑于名以乱实也』。

世间万物仅仅表现了自然规律的某一方面，某一种事物只能看做是万事万物中的一部分，愚昧无知的人关注的只是某一种事物的一个方面，就认为自己认识到了自然规律，着实是一种无知的表现啊。慎子有所认识的是跟从在后面的部分，但对在前引导的部分却没有正确的认识；老子对忍让的一面有不少的认识，但对进取的一面却毫不关注；墨子对平等的一面有不少的认识，但对那些等级差别的一面却知之甚少；宋子对寡欲的一面有不少的认识，但对多欲的一面认识却很少。只是懂得服从而不会主动地在前面引导，这样的话，群众就找不到向前走的途径；一味地忍让而不以积极的态度开拓，这样的话高贵和卑贱就没有差别了；只有平等而没有任何的等级差别，这种情况下，政策法令就很难贯彻实行；仅强调寡欲而不提倡多欲，群众就很难被感化。《尚书》中讲道：『不要只凭着自己的喜好，要依照君主确立的道义原则；不要只凭着自己的厌恶，要依照君主指明的方向。』道理是一样的。

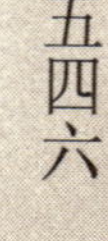

武王德盛

周武王德高望重，以道义讨伐商纣后建立周朝，以礼义统管百姓，则天下安泰，百姓重义，民风淳朴，社会秩序井然，此之谓『上宣明，则下治辨矣』。

正论

原文

世俗之为说者曰：『主道利周。』是不然。主者，民之唱也；上者，下之仪也。彼将听唱而应，视仪而动。唱默则民无应也，仪隐则下无动也。不应不动，则上下无以相有也。若是，则与无上同也，不祥莫大焉。故上者，下之本也。上宣明，则下治辨矣；上端诚，则下愿悫矣；上公正，则下易直矣。治辨则易一，愿悫则易使，易直则易知。易一则强，易使则功，易知则明：是治之所由生也。上周密，则下疑玄矣；上幽险，则下渐诈矣；上偏曲，则下比周矣。疑玄则难一，渐诈则难使，比周则难知。难一则不强，难使则不功，难知则不明：是乱之所由作也。故主道利明不利幽，利宣不利周。故主道明，则下安；主道幽，则下危。故下安，则贵上；下危，则贱上。故上易知，则下亲上矣；上难知，则下畏上矣。下亲上，则上安；下畏上，则上危。故主道莫恶乎难知，莫危乎使下畏己。传曰：『恶之者众则危。』《书》曰：『克明明德。』《诗》曰：『明明在下。』故先王明之，岂特玄之耳哉？

译文

世间一些低劣的创立学说的人讲：『君主统治的时候是以周密隐蔽为益的。』这是一种不正确的说法。君主，好像是人民的倡导者；帝王，又好像是臣子的楷模。人民都随着君主的引导来应和，看着楷模来行动。倡导者没有了声音，民众就失去了应和的目标；楷模消失了，臣子就失去了行动的目标。国家的臣子民众不配合、不行动，君主和臣民之间和善的关系就会打破。这样的话，好像是没有君主一样，这就可以算是最不吉利的事了。所以作为君主，是臣民的基础所在。君主公开无隐瞒，臣民自然就能得到妥善的治理；君主诚实守信，臣民就顺从无争了；君主大公无私，臣民就正直通达了。治理好了臣民，统一就是很容易的事情了，淳朴忠厚就容易支配，正直通达就容易沟通。臣民变得易于统治了，国家自然就会强盛；臣民容易支配、派遣了，君主建立功业就显得很容易了；臣民容易沟通，君主心中就会坦荡：要拥有安定的政治局面，这些是必须有的。君主隐秘不露真情，臣民就开始迷乱了；君主险恶阴暗，臣民就会变得阴险刁钻了；君主偏私不正，臣民就会相互勾结了。臣民迷乱了国家就难以统一，阴险刁钻的臣民就难以役使，相互勾结的臣民就难以了解。臣民得不到统一的管理，国家强盛就很难实现了；臣民难以支配，君主建立功业就不会是件容易的事情；臣民难以沟通，君主就不能实行开明的政策：这些都是祸乱产生的缘由。因此君主的统治措施以开明为有利，以阴暗为不利，以公开为有利，而以隐秘为不利。君主的统治措施公开明朗，臣民就能享受安逸的社会环境；君主的统治措施阴暗不明，臣民就会陷入危险的境地。臣民得到了安逸的享受，就会尊敬君主；臣民陷于危险的境地，就会轻视君主。君主的措施很容易地就被接受，臣民自然会敬重君主；君主的措施难以被理解接受，臣民自然就畏惧君主。臣民敬重君主，那么君主就能得到安逸；臣民畏惧君主，那么君主就会陷入危机。因此难于理解君主的统治措施是最坏的情况了，没有什么比让臣民害怕使自己更危险的事了。古书中曾讲道：『恨他的人多起来的话，他就陷入危险境地。』《尚书》中讲：『能明确表明贤明的德行。』《诗经》中讲道：『把美德彰显于天下。』古代的圣王都知道彰显自己，难道只是幽暗不语，让人难知就算了吗？

世俗之为说者曰：『桀、纣有天下，汤、武篡而夺之。』是不然，以桀、纣为常有天下之籍，则然；亲有天下之籍，则不然；天下谓在桀、纣，则不然。

古者天子千官，诸侯百官。以是千官也，令行于诸夏之国，谓之王；以是百官也，令行于境内，国虽不安，不至于废易遂亡，谓之君。圣王之子也，有天下之后也，势籍之所在也，天下之宗室也，然而不材不中，内则百姓疾之，外则诸侯叛之，近者境内不一，遥者诸侯不听，令不行于境内，甚者诸侯侵削之，攻伐之；若是，则虽未亡，吾谓之无天下矣。圣王没，有势籍者罢，不足以县天下，天下无君。诸侯有能德明威积，海内之民莫不愿得以为君师；然而暴国独侈，安能诛之，必不伤害无罪之民，诛暴国之君若诛独夫。若是，则可谓能用天下矣。能用天下之谓王。汤、武非取天下也，修其道，行其义，兴天下之同利，除天下之同害，而天下归之也。桀、纣非去天下也，反禹、汤之德，乱礼义之分，禽兽之行，积其凶，全其恶，而天下去之也。天下归之之谓王，天下去之之谓亡。故桀、纣无天下，而汤、武不弑君，由此效之也。汤、武者，民之父母也；桀、纣者，民之怨贼也。今世俗之为说者，以桀、纣为君，而以汤、武为弑，然则是诛民之父母，而师民之怨贼也，不祥莫大焉。以天下之合为君，则天下未尝合于桀、纣也，然则以汤、武为弑，则天

河朔誓师图

武王伐商纣，曾在河朔誓师。商纣、夏桀都是古代无道的昏君，他们荒淫无度，杀戮忠良，以天下之财物满足一己私欲，终于招致天下人的不满。周武王、商汤兴兵讨伐他们正是顺应天道的。

下未尝有说也，直堕之耳！故天子唯其人。天下者，至重也，非至强莫之能任；至大也，非至辨莫之能分；至众也，非至明莫之能和。此三至者，非圣人莫之能尽，故非圣人莫之能王。圣人，备道全美者也，是县天下之权称也。桀、纣者，其志虑至险也，其至意至闇也，其行之为至乱也。亲者疏之，贤者贱之，生民怨之，禹、汤之后也而不得一人之与。刳比干，囚箕子，身死国亡，为天下之大僇，后世之言恶者必稽焉。是不容妻子之数也。故至贤畴四海，汤、武是也；至罢不容妻子，桀、纣是也。今世俗之为说者，以桀、纣为有天下而臣汤、武，岂不过甚矣哉？譬之，是犹伛巫跛匡大自以为有知也。故可以有夺人国，不可以有夺人天下；可以有窃国，不可以有窃天下也。夺之者可以有国，而不可以有天下；窃可以得国，而不可以得天下。是何也？曰：国，小具也，可以小人有也，可以小道得也，可以小力持也；天下者，大具也，不可以小人有也，不可以小道得也，不可以小力持也。国者，小人可以有之，然而未必不亡也；天下者，至大也，非圣人莫之能有也。

译文

世间那些低劣的创立学说的人讲道：『夏桀、商纣本来统治着天下，是商汤、周武王把王位给篡夺了。』这是一种不对的说法。在他们看来，夏桀、商纣曾掌握过统治国家的权力，那是无疑的；而要说他们亲自独享过统治天下的权力，就有不对的地方了；如果认为天下都是掌握在夏桀、商纣手中的，同样也是不对的。

在古代，天子手下拥有上千个官吏，诸侯手下拥有上百个官吏。如果靠着上千个官吏，中原各诸侯国，就能称之为是统治天下的帝王；如果靠着上百个官吏，把自己的政治法令遍及到国家各地，即使国家不安定，也不至于被倾覆导致灭亡，这就能称之为是诸侯国的国君。圣明帝王的后代子孙，是自然拥有天下的后代，是权力的所有者，是天下人都尊重和敬仰的帝王，但假如说没有才能还偏私，在内百姓会对他产生怨恨，在外诸侯会对他产生敌对的情绪，近的地方是国家不统一，远的地方是诸侯不服从，政令难于在国家实施，甚至于诸侯开始侵略分割，起兵讨伐攻打；这样的话，即使国家还没有灭亡，也不得不说他已经把天下失掉了。英明的帝王死了，他的后代没有德才又掌握着权力，没有掌管天下的能力，天下就好像失去了君主一样。诸侯中假使有人德行齐备、有崇高的威信，这样的话，天下的人民就自然会很希望他做自己的君王；可是暴君统治的国家又刚好是骄奢放纵的，杀掉暴君，绝对不去伤害没有罪过的民众，杀掉暴虐之国的君主像杀一个孤家寡人一样。这样的话，天下民众就能够使用了。这位能够驱使天下人民的就自然被称为帝王。商汤、周武王并非取得政权，而是他们遵循了正确的政治原则，实行道义，为天下人谋取共同的福利，为天下人除去共同的祸害，所以天下人就都归顺了他们。夏桀、商纣并非放手丢开了天下，而是他们违背了夏禹、商汤的德行，把礼义的名分完全搅乱了，他们的行为和禽兽是一样的，行凶作乱，无恶不作，导致天下人把他们抛弃了。天下人都归顺于他的统治就称王，天下人都逃离了他的统治就灭亡。

因此夏桀、商纣并没有真正地拥有天下，商汤、周武王没有蓄意地杀害君主，从这里就能够得到证明。商汤、周武王是人民的衣食父母，夏桀、商纣是人民的世代仇敌。如今世间流行的那些低劣的创立学说的人，将夏桀、商纣看做是真正的君王，而把商汤、周武王的行为看做是杀君，这些如果是正确的话，那就是在向人民的衣食父母问罪，把人民最大的仇敌称之为君王，这应该算是最不吉利的事了。假如说，天下人归附的人才是君王，那么可以这样说，天下人从来没有归附过夏桀、商纣，同样的道理，如果认为商汤、周武王是杀君之人，就成了天下人从来没有的说法了，这只能算作是在毁谤他们了！因此，担任天子一职的一定要是有理想的人。治理天下的任务是相当烦劳的，只有最强劲有力的人才能担当此重任；治理天下所涉及的范围是极其广大的，只有最明理同情的人才能将所有问题搞清；治理天下所涉及的人民是极其众多的，只有最英明的人才能做到有序协调他们。上面的三个最，不是圣人自然不会完全具备，因此不是圣人就没有谁能坐在君王的位置上。圣人有着所有的美德，仿佛挂在天下人世中的一杆秤。夏桀、商纣，他们的心性意图十分险恶，他们的思想十分愚昧，他们的行为十分昏乱。和他们亲近的人都渐渐地疏远了，有才能的人没有不鄙视他们的，人民纷纷怨恨他们，虽然他们是夏禹、商汤的后代，但没有任何人同情信赖他们。商纣将比干剖腹挖心，无度囚禁箕子，最终落得自杀的后果，国家灭亡，成为天下世代最可耻之人，后人眼中的坏人形象，他是最典型的代表。这就是他们不能让妻儿享受太平的原因。因此，天赋德才的人才能统治天下，商汤、周武王便是；德才全无的人不能给妻儿安身立命之所，夏桀、商纣便是。如今世道上那些低劣的创立学说的人，认为夏桀、商纣统治着天下，而将商汤、周武王当成是他们的臣子，难道这不是很严重的错误吗？用一个比喻来讲，好像是一个瘸腿而驼背的巫自以为高明一样。因此，夺取别人国家的

事是可以出现的，但是夺取别人天下的事是不可能有的；窃取国家政权的事是可以出现的，但是窃取天下统治权的事是不可能有的。夺取政权的人可以控制的是一个国家，并不是整个天下；窃取政权可以拥有一个国家，但是整个天下他是得不到的。这里面的原因是什么呢？回答说：国家是个小物品，德行卑劣的小人可以占有，依靠歪门邪道也能得到，较小的力量就能将它维护；而天下则是个大物品，德行卑劣的小人是不能把它占有的，歪门邪道是不能将其取得的，较小的力量是没办法把它维护的。国家，可以让小人拥有，但灭亡与否就很难断定；天下，庞大至极，只有圣人有权力去占有它。

原文

世俗之为说者曰：『治古无肉刑，而有象刑。墨黥；慅婴；共，艾毕；菲，对屦；杀，赭衣而不纯。治古如是。』是不然。以为治邪？则人固莫触罪，非独不用肉刑，亦不用象刑矣。以为人或触罪矣而直轻其刑？然则是杀人者不死，伤人者不刑也。罪至重而刑至轻，庸人不知恶矣，乱莫大焉。凡刑人之本，禁暴恶恶，且征其未也。杀人者不死，而伤人者不刑，是谓惠暴而宽贼也，非恶恶也。故象刑殆非主于治古，并起于乱今也。治古不然。凡爵列、官职、赏庆、刑罚皆报也，以类相从者也。一物失称，乱之端也。夫德不称位，能不称官，赏不当功，罚不当罪，不祥莫大焉。昔者武王伐有商，诛纣，断其首，县之赤旆。夫征暴诛悍，治之盛也。杀人者死，伤人者刑，是百王之所同也，未有知其所由来者也。刑称罪则治，不称罪则乱。故治则刑重，乱则刑轻；犯治之罪固重，犯乱之罪固轻也。《书》曰：『刑罚世轻世重。』此之谓也。

译文

世间那些低劣的创立学说的人讲：『肉刑在治理得很好的古代社会是不存在的，有的只是象征性的刑罚。比如用黑墨涂在脸上来代替脸上刺字的黥刑；用系上草制的帽带来代替割鼻子的劓刑；用割去衣服前的蔽膝来代替阉割生殖器的宫刑；用穿麻鞋来代替砍掉脚的剕刑；用穿上红褐色的没有衣领的衣服来代替杀头的死刑。治理得很好的古代社会就是如此。』这是一种不对的说法。难道认为社会已经治理好了吗？那当时的人就不再会有谁会犯罪了，肉刑自然也就用不着了，象征性的刑罚也就没有存在的必要了。认为人还是要犯罪，只是把刑罚减轻了吗？这样做的结果就是，杀人的不会受到极刑，伤人的不会受到相应的惩罚。极重罪刑，却用极轻的刑罚，让人们就不懂得畏惧和憎恨犯罪了，这要算是最大的祸患了。历来惩罚人的根本目的，就是要让暴行停止、恶行藏匿，并且防范未来。这里杀人的不用处死来惩罚，伤害人的不会给予任何的刑罚，这是善待暴徒的同时纵容强盗，并不是反对作恶。因此，象征性的刑罚应该不是存在于治理得很好的古代社会，而应该是存在于混乱的现在。治理得很好的古代完全不是这样。各种爵位、官职、奖赏、刑罚都是一种回报的方式，与所施的行为是相符合的。假使说对一件事情给予了不适当奖罚，祸乱就由此开始。德行和地位不相符合，能力和官职不相符合，奖赏和功劳不相符合，刑罚和罪刑不相符合，这应该算做是最为不吉利的事了。过去，周武王讨伐商王朝，用砍头的方式惩罚了商纣，不仅如此，还把他的首级挂在红旗的飘带上。这一征讨暴君惩治恶徒的事例，是政治史上的一项功绩。杀人者处死，伤人受到惩罚，历代帝王都是如此，至于说它是从什么时代传下来的无从得知。刑罚和罪行相称了，社会才能有秩序；刑罚和罪行不相称，社会就会混乱。也就是说，社会有秩序，刑罚就会重；社会混乱，刑罚才会轻。原因在于，在有秩序的时代所犯的罪，本来就很重；在混乱的时代所犯的罪，本来就很轻。《尚书》中讲：『刑罚在有的社会环境中轻，有的社会环境中重。』情况是一样的。

蛮夷率服图

蛮夷身居边疆，其风俗与中原不同，而中原各地的风俗也各不相同，但他们都归顺圣明的君主。圣主『称远近而等贡献』，天下才能安稳。

原文

世俗之为说者曰：『汤、武不能禁令。』是何也？曰：『楚、越不受制。』是不然。汤、武者，至天下之善禁令者也。汤居亳，武王居鄗，皆百里之地也，天下为一，诸侯为臣，通达之属，莫不振动从服以化顺之，曷为楚、越独不受制也？彼王者之制也，视形势而制械用，称远迩而等贡献，岂必齐哉？故鲁人以榶，卫人用柯，齐人用一革。土地刑制不同者，械用备饰不可不异也。故诸夏之国同服同仪，蛮、夷、戎、狄之国同服不同制。封内甸服①，封外②侯服，侯、卫宾服，蛮、夷要服，戎、狄荒服。甸服者祭，侯服者祀，宾服者享，要服者贡，荒服者终王。日祭，月祀，时享，岁贡，终王。夫是之谓视形势而制械用，称远近而等贡献，是王者之至也。彼楚、越者，且时享、岁贡、终王之属也，必齐之日祭、月祀之属，然后曰『受制』邪？是规磨之说也。沟中之瘠也，则未足与及王者之制也。语曰：『浅不足与测深，愚不足与谋知，坎井之蛙不可与语东海之乐。』此之谓也。

注释

①封内：指的是君主居住的地方方圆五百里以内的地盘。甸服：

由于耕种了国君的土地，就要服侍他。根据距离君王居住地的远近，按五百里为一区来划分，分别称为是甸服、侯服、宾服、要服、荒服。他们各自为君王提供不同的贡品和服务。②封外：指的是封内之外的方圆五百里之内的地盘。

译文

世间那些低劣的创立学说的人讲：『商汤、周武王没有严格地实施禁令。』之所以这样说，根据是什么呢？他们讲：『楚国、越国不在其管辖范围之内。』这种说法没有依据。商汤、周武王，是天底下最能严格实施禁令的人。商汤在亳居住，周武王在鄗居住，管辖区域都只有区区百里，但整个天下被他们统治了，诸侯变成了他们的臣子，所有能通达之处，没有不敬畏服从他们，而受他们教化变得顺服的，那为什么楚国、越国不在其管辖范围之内呢？王者的制度是，根据不同的地域来制造器械用具，以距离的远近来制定进贡的等级，整齐划一怎么可能呢？因此鲁国人用的是碗，卫国人用的是盂，齐国人用的是皮囊。人情地貌习俗不同的地方，所使用的器具、所穿着的服饰是一定会有差别的。因此中原各国同样听命于天子而有着相同的礼义规范。南蛮、东夷、西戎、北狄这些国家也是一样归顺于天子有着不同的制度。对于天子居住都城周围五百里之地的，他们听命天子的方法是耕种王田，再往外五百里之内的『封外』，他们听命天子的方法是侦察敌情，担任警戒，在这之外的侯圻、卫圻等地区，他们听命于天子的方法是按时进贡物品，南蛮、东夷这些少数民族则以承受约束来听命于天子，西戎、北狄这些少数民族地区则是以不定期地进贡来听命于天子。那些以耕种王田来听命于天子的地区，要给天子提供祭祀祖父、父亲的物品，那些以侦察警戒来听命于天子的地区，要给天子提供祭祀曾祖、高祖的物品，那些按时进贡来听命于天子的地区，要给天子提供祭祀远祖、始祖的物品，那些以承受约束来听命于天子的地区，要给天子提供祭祀天神的物品，那些以不定期的进贡来听命于天子的地区，要坚信天子的统治地位。祭祀祖父、父亲一天一次，祭祀曾祖、高祖每月一次，祭祀远祖、始祖每个季度一次，祭祀天神每年一次，每一朝代的天子死了各方诸侯就要去拜见一次即位的新天子，用这种方式来表示对他的统治地位的认同。以上所说的就是根据不同的地域来制造器械用具，以距离的远近来制定进贡的等级，这是王者所规定的制度。楚国、越国也只是进贡每季祭祀、每年祭祀的祭品，同时在上一代天子死了以后来拜见认可新天子的国家，莫非要让他们和那些供给每天祭祀、每月祭祀的祭品一类的国家一样，这样才说他们是『受制约』了吗？这种说法是没有道理的啊。持有这种态度的人像山谷中的僵尸，有关圣王的制度不值得和他们探讨。俗语说：『不能和肤浅的人探讨深刻的事，不能和愚蠢的人商量有智慧的事，不能和废井中的青蛙探讨东海乐趣的事情。』讲的就是这个意思。

原文

世俗之为说者曰：『尧、舜擅让。』是不然。天子者，势位至尊，无敌于天下，夫有谁与让矣？道德纯备，智慧甚明，南面而听天下，生民之属，莫不振动从服以化顺之，天下无隐士，无遗善，同焉者是也，异焉者非也，夫有恶擅天下矣？曰：『死而擅之。』是又不然。圣王在上，决德而定次，量能而授官，皆使民载其事而各得其宜；不能以义制利，不能以伪饰性，则兼以为民。圣王已没，天下无圣，则固莫足以擅天下矣。天下有圣而在后子者，则天下不离，朝不易位，国不更制，天下厌然与乡无以异也；以尧继尧，夫又何变之有矣？圣不在后子而在三公，则天下如归，犹复而振之矣，天下厌然与乡无以异也；以尧继尧，夫又何变之有矣？唯其徙朝改制为难。故天子生，则天下一隆，致顺而治，论德而定次；死，则能任天下者必有之矣。夫礼

牺牲图　古时人们常用牛、羊、猪三种牲畜祭祀，称为『太牢』，这是祭祀的最高礼制。牛、羊、猪三牲如用于食饮，则说明宴会奢侈浮华。

义之分尽矣，擅让恶用矣哉？曰：『老衰而擅。』是又不然。血气筋力则有衰，若夫智虑取舍则无衰。曰：『老者不堪其劳而休也。』是又畏事者之议也。天子者，势至重而形至佚，心至愉而志无所诎，而形不为劳，尊无上矣。衣被，则服五采，杂间色，重文绣，加饰之以珠玉。食饮，则重大牢而备珍怪，期臭味，曼而馈，代睪而食，《雍》而彻乎五祀，执荐者百人侍西房。居，则设张容，负依而坐，诸侯趋走乎堂下。出户而巫觋有事，出门而宗祀有事，乘大路、趋越席以养安，侧载睪芷以养鼻，前有错衡以养目，和鸾之声步中《武》《象》、驺中《韶》《護》以养耳，三公奉軶持纳，诸侯持轮、挟舆、先马，大侯编后，大夫次之，小侯、元士次之，庶士介而夹道，庶人隐窜莫敢视望。居如大神，动如天帝，持老养衰，犹有善于是者与不？老者，休也，休犹有安乐恬愉如是者乎？故曰：诸侯有老，天子无老；有擅国，无擅天下。古今一也。夫曰『尧、舜擅让』，是虚言也，是浅者之传，陋者之说也。不知逆顺之理，小大、至不至之变者也，未可与及天下之大理者也。

译文

世间那些低劣的创立学说的人讲：『尧、舜将王位禅让给别人。』这是一种不对的说法。天子至高无上的权力和地位，普天之下无人能及，他会和谁推让呢？尧、舜都有着美好的德行，丰富的智慧，朝南端坐着统治天下，所有的人民都欣欣然地依附于他们，甚至于被感化而认同他们，天下的人才是不可能被埋没的，优秀的事迹是不可能被人被忘的，和尧、舜有相同的言行才是正确的，和他们持有不同的言行自然就是错误的，他们为何要把天下让给别人呢？有的人讲：『等到他们死了接着再把王位禅让给别人。』这也是不对的。贤明的君主坐在统治者的位置上，判断属下的德行优劣，以此作为标准授予官职，让人们能够各自担负起自己的职能同时各自都得到适当的安排；如果不使用道义来把私利制约，本性不能通过人的努力来得以改善，那就只能是一个凡夫俗子。圣明的帝王已经逝去，普天之下如果没有和他一样贤明的人，就根本谈不上是禅让了。普天之下如果有圣人并且是在圣明君主的后代之中，天下人就不会出现分崩离析的状态，朝廷各自的官位不会有任何的动摇，国家的制度也会一直地延续，社会就会和过去一样稳步地向前发展；这里讲的是用和尧一样贤明的君主来继承尧，这样的话怎么能有改变呢？假如说圣人没有在圣明帝王的后代子孙之中出现，而出在臣子之中，那天下人对他的顺从，也会为了恢复国家而支持他了，社会也会像过去一样安稳地发展；因为这是用和尧一样贤明的君王来继承尧，怎么会有改变呢？最困难的是改朝易代、制度变更。出于这个原因，圣明的君主活着，天下人就会一心一意地听命于他，非常的谦和而有秩序，用德行的评定来划分各自的等级；贤明的君主死了，一定会出现能够担负起统治天下的继承人。礼义全部施行得很好，哪还用去禅让呢？有人讲：『是由于他们没有足够的精力了才把王位禅让给别人。』这同样也是不对的。人的精神体力的衰退是很自然的事情，但是对于智慧、分析问题的能力、判断选择的能力却是永久存在的。有人讲：『年迈的人不能承担如此劳累

的工作才下来休息的。』这又是怕事的人所说的。君王有着很大的权力，而且身体状况很好，心态积极使得他们没有不能实现的事情，从这个意义上讲，天子的身体不会因为统治天下的工作而感到劳苦，他具有无上的尊贵。所穿的衣服：五色的上衣、杂色的下衣，上面带有花纹图案的刺绣，还有用来修饰衣服的珠玉。吃的食物：牛、羊、猪齐备，接连不断，珍奇的佳肴经常会出现，各种甘美的味道应有尽有，伴随着悠扬的音乐送来食物，在鼓声中进餐，在《雍》曲响起的时候把宴席撤走，放回灶上用来祭祀灶神，在西厢房有上百个端菜的人为他服务。坐在天子的位置上执政，帷帐和小屏风在那里摆着，背靠大屏风坐在前面，诸侯在堂下有次序严肃地前来朝见。出宫门的时候，巫觋就要为他扫除不祥，出王城大门时，大宗伯、大祝就要为他祭神祈福；坐上宽敞的大车、脚下踩着柔软的蒲席，身体始终保持平稳端正，身边放有香草散发清新的味道，车前有纵横交错的花纹来调养他的眼睛，在车子慢行的时候，车铃的声音和着《武》、《象》的节奏、在车子飞驰的时候，车铃的声音和着《韶》、《頀》的节奏，这些声音都使他的耳朵得到享受。三公扶着车轭、握着缰绳，有的诸侯扶着车轮、有的诸侯在车厢两侧保护着、有的在马前指引前进的方向，大国诸侯在车后依次地排列，大夫在他们的后面跟着，小国诸侯和那些天子任用的高级文官则在大夫的后面跟随着，士兵们身着铠甲在道路两旁警卫，百姓们纷纷都藏起来没有人敢出来观看。天子端坐着像神一样，行动像自然没有拘束，安享余年的生活、保持良好的身体，还有比这更好的吗？老年人都要有安静的环境来修养，还有比这样的安定快乐更好的吗？因此说：诸侯会有年迈辞职的，君主不会有这样的情况；诸侯传让自己的国家，天子是不会去禅让天下的。古往今来，道理都是一样的。那些说『尧、舜把王位禅让给了别人』，是一种不符合事实的胡言乱语，是浅薄之人的传闻，是缺少见识之人的乱语。他们这些人并不懂得是否违反了世间人情的道理，不懂得国家和天下、至尊与平凡之间的差异，天下的道理是不能和这些人谈论的啊。

原文

世俗之为说者曰：『尧、舜不能教化。』是何也？曰：『朱、象不化①。』是不然也。尧、舜，至天下之善教化者也，南面而听天下，生民之属莫不振动从服以化顺之。然而朱、象独不化，是非尧、舜之过，朱、象之罪也。尧、舜者，天下之英也；朱、象者，天下之嵬、一时之琐也。今世俗之为说者，不怪朱、象而非尧、舜，岂不过甚矣哉？夫是之谓嵬说。羿、蜂门者，天下之善射者也，不能以拨弓曲矢中微；王梁、造父者，天下之善驭者也，不能以辟马毁舆致远；尧、舜者，天下之善教化者也，不能使嵬琐化。何世而无嵬？何时而无琐？自太皞、燧人莫不有也②。故作者不祥，学者受其殃，非者有庆。《诗》曰：『下民之孽，匪降自天；噂沓背憎，职竞由人。』此之谓也。

注释

①朱：是尧的儿子，由于封地是丹，所以又称丹朱。由于从小没有好的德行，所以尧没有将王位传给他而给了舜。象：是舜同父异母的弟弟，相传他曾多次谋杀舜，品行不好。②太皞：即伏羲氏，相传是东夷部落的首领。燧人：即燧人氏，相传发明了人工取火，被推举为部落首领。

译文

世间那些低劣的创立学说的人讲：『尧、舜不会教育、感化人。』这种看法有什么依据呢？他们讲：『因为丹朱、象都没有被感化。』这是一种不对的说法。尧、舜可以称为是人世间最善于教育感化的人，他们朝南坐着统治整个天下，所有的民众都欣欣然听从于他甚至于被感化认同他们。其中唯独丹朱、象不能被感化，这并不能算是尧、舜的过错，应该从丹朱、象身上去追究责任。尧、舜是天下贤明的君主，丹朱、象是天下的异类、那个时代的无用之人。如今世间那些肤浅的创立学说的人，不去非难丹朱、象而去责怪尧、舜，这难道不是大错特错了吗？这种事情真是无稽之谈。天下善于射箭的羿、逄蒙，不能用蹩脚的弓和弯曲的箭来射中微小的目标；天下善于驾驭马车的王梁、造父，不能用瘸腿的马和破损的车子到达远方的目的地；同样的道理，尧、舜是天下善于施行教育感化的人，也不能让那些怪癖刁钻的人得到转化。社会之中怎么会没有怪僻的人？每朝每代哪能没有低俗的人？从太皞氏、燧人氏直至今日，这种人一直存在着。所以那些创立这种学说的是坏人，学习的人会受害，不接受这种学说的人值得庆幸。《诗经》中讲：『人民所受的灾难和不幸，并不是与生俱来的；当面说笑背后记恨，都是人在作怪。』其中的道理是一样的。

原文

世俗之为说者曰：『太古薄葬，棺厚三寸，衣衾三领，葬田不妨田，故不掘也。乱今厚葬，饰棺，故扣也。』是不及知治道而不察于扣不扣者之所言也。凡人之盗也，必以有为，不以备不足，则以重有余也。而圣王之生民也，皆使当厚优犹不知足，而不得以有余过度。故盗不窃，贼不刺，狗豕吐菽粟，而农贾皆能以货财让；风俗之美，男女自不取于涂，而百姓羞拾遗。故孔子曰：『天下有道，盗其先变乎！』虽珠玉满体，文绣充棺，黄金充椁，加之以丹矸，重之以曾青，犀、象以为树，琅玕、龙兹、华觐以为实，人犹且莫之扣也。是何故也？则求利之诡缓，而犯分之羞大也。夫乱今然后反是。上以无法使，下以无度行，知者不得虑，能者不得治，贤者不得使。若是，则上失天性，下失地利，中失人和；故百事废，财物诎，而祸乱起。

刳剔孕妇图

商纣王荒淫无道，生性残忍，设炮烙之刑，甚至剖开孕妇的肚腹查看婴孩，所为更胜禽兽，令人发指，他自焚于鹿台而死，死后仍受世人唾弃。

王公则病不足于上，庶人则冻馁羸瘠于下；于是焉桀、纣群居，而盗贼击夺以危上矣。安禽兽行，虎狼贪，故脯巨人而炙婴儿矣。若是，则有何尤扣人之墓、抉人之口而求利矣哉？虽此倮而埋之，犹且必扣也，安得葬埋哉？彼乃将食其肉而龁其骨也。夫曰：『太古薄葬，故不扣也；乱今厚葬，故扣也。』是特奸人之误于乱说，以欺愚者而潮陷之以偷取利焉，夫是之谓大奸。传曰：『危人而自安，害人而自利。』此之谓也。

译文

世间那些低劣的创立学说的人讲：『上古时候的葬礼是很节俭的，棺材只用三寸厚的木材，衣服只给穿戴三套，被子只给配备三条，埋在土地里也不碍着种田，也就没有被挖掘的问题。如今混乱的世态下，葬礼奢华，棺材要用珍宝来装饰，被盗挖就是很自然的事情了。』之所以有这种认识，是因为这些人还没有完全理解治国的道理，同时对盗墓与否的原因没有完全地弄明白。人们之所以要盗窃，一定是有内在原因的，要么是为了让自己短缺的东西能齐备，要么是为了让自己本身就很多的东西更加地丰厚。贤明的君主在教化百姓的时候，会让他们都富足宽裕并且知足，多余的财物不能去占有，规定的标准是绝对不能超过的。因此没有了来偷窃的盗贼，没有了杀人抢劫的强盗，狗猪不吃粮食，农夫商人自觉地分发财物；社会风气良好，男女不会私自地在路上相会，天下人都认为把捡到的东西据为己有是一种耻辱。因此孔子讲：『有了清明的政治环境，盗贼应该会最先转变吧！』这样的话，尽管尸体上挂满了珠宝，内棺中堆满了绣有花纹的丝织品，外棺中摆满了黄金，朱砂涂刷，曾青粉饰，墓穴有着用犀牛角和象牙雕刻成的树，用琅玕、龙兹、华觐做成的果实，仍然是不会有人去盗挖它的。原因是什么呢？因为人们没有很强的谋取私利的心思了，相反增强了违犯道义时的耻辱感。混乱的现代社会和古代是相反的。君王并不依照法令来役使人民，臣民不依照法令去办事，有才智的人没有机会参与国家大事，有能力的人没有机会管理国家，有德行的人没有机会获得官位治理人民。这样的话，农时就会被错过，土地所产生的利益就会被消减，人民心中的合力就会减弱；各种事情就会相继被废弃，国家财物紧缺，祸乱就会接踵而来。君王在上面忧虑财物的短缺，百姓则在下面风餐露宿，不得安定；桀、纣这类的暴君就蜂拥而至，占领各国的君位，盗贼这时候也就开始群起而动一直危害到他们的君主了。禽兽般横行、虎狼般贪婪，出现了把大人做成肉干、把婴儿做成烤肉当作美味的现象。这种情况之下，又怎么能指责盗墓人盗掘死人的坟墓、撬开死人的嘴巴来获得利益的行为呢？在这种情况之下，假使是赤身裸体被埋葬的死人，也会招来盗墓者的攻击，这怎么能埋葬呢？他们会把死人的肉吃掉，啃干死人的骨头。因此，『远古时代节俭的葬礼，不会招致盗墓者的挖掘；混乱的今天奢侈的葬礼，难以躲避盗挖』，之所以这样说，是邪恶的人被谬论迷住了，反过来又用它来欺骗那些没有头脑的人进而谋害他们，从中获利是他们的目的，这就可以算作是最大的邪恶了。古书上讲：『让他人陷入危险来获得自己的安全，让他人遭受迫害来保全自己的利益。』说的正是这种人。

原文

子宋子①曰：『明见侮之不辱，使人不斗。人皆以见侮为辱，故斗也；知见侮之为不辱，则不斗矣。』应之曰：然则亦以人之情为不恶侮乎？曰：『恶而不辱也。』曰：若是，则必不得所求焉。凡人之斗也，必以其恶之为说，非以其辱之为故也。今俳优、侏儒、狎徒詈侮而不斗者，是岂钜知见侮之为不辱哉？然而不斗者，不恶故也。今人或入其央渎，窃其猪彘，则援剑戟而逐之，不避死伤，是岂以丧猪为辱也哉？然而不惮斗者，恶之故也。虽以见侮为辱也，不恶则不斗；虽知见侮为不辱，恶之则必斗。然则斗与不斗邪，亡于辱之与不辱也，乃在于恶之与不恶也。夫今子宋子不能解人之恶侮，而务说人以勿辱也，岂不过甚矣哉？金舌弊口，犹将无益也。不知其无益，则不知；知其无益也，直以欺人，则不仁。不仁不知，辱莫大焉。将以为有益于人耶？则与无益于人也，则得大辱而退耳！说莫病是矣。

注释

①宋子：即宋荣子，是战国时期的宋国人，主张『欲寡而不欲多』，这样可以避免战争的产生，接近墨家。

译文

宋钘讲道：『明白被人侮辱而不认为耻辱，就能让人们不争斗。如果人们都把被侮辱看做是耻辱的事情，争斗自然会产生；假如懂得了被侮辱并不是什么耻辱的话，争斗就不会有了。』回答说：这样说来，那么人的本能是不憎恶被人侮辱的吗？他说：『憎恶是肯定的，但是当被侮辱之后，并不把它当作是耻辱。』回答说：这样的话，宋先生所追求的目标就很难达到了。一切人们的斗争，无一不是把自己的憎恶作为理由，而不是将自己感到耻辱当成原因。如今那些滑稽演员和唱戏的优伶、专门逗乐人们的侏儒、受人捉弄的奴仆，受到欺侮但从不反抗，难道这是因为他们懂得了被人侮辱并不算作耻辱的道理吗？他们的不争斗，实际上是因为他们对被人侮辱没有憎恶之感的缘故啊。如果现在有人钻出水沟进入某家把猪偷走了，那么主人就会拿起刀剑去追赶窃贼，甚至自己受到伤害也不顾惜，这难道是因为他把丢失猪认为是一种耻辱吗？他勇于争斗，实际上是因为对窃贼十分憎恶啊。所以说，就算是把被侮辱看成耻辱的事情，但假使不憎恶它，争斗是不会产生的；假如知道被侮辱不能算作是耻辱的道理，但假使憎恶它，争斗也是一定会产生的。如此说来，争斗与否，不在于是否感到耻辱，而是在于憎恶与否。如今宋先生不能消解人们心中对被人侮辱的憎恶，而是一味地让人们别把受侮辱看做耻辱，这种错误难道不是很大吗？即使是把善辩的巧嘴说破了，也是没有用的。不知道这样的劝说毫无意义，就是不明智；知道它没有意义，还专门用它来骗人，就是不仁慈。不明智不仁慈，没有比这更大的耻辱了。你想要认为宋先生的说法对人有益吗？但全属无用，只能是抱着耻辱回家去了！没有比这荒谬的学说了。

原文

子宋子曰：『见侮不辱。』应之曰：凡议，必将立隆正然后可也，无隆正，则是非不分而辨讼不决。故所闻曰：『天下之大隆，是非之封界，分职名象之所起，王制是也。』故凡言议期命，是非以圣王为师；而圣王之分，荣辱是也。是有两端矣，有义荣者，有势荣者，有义辱者，有势辱者。志意修，德行厚，知虑明，是荣之由中出者也，夫是之谓义荣。爵列尊，贡禄厚，形势胜，上为天子诸侯，下为卿相士大夫，是荣之从外至者也，夫是之谓势荣。流淫、污僈，犯分、乱理，骄暴、贪利，是辱之由中出者也，夫是之谓义辱。詈侮、捽搏，捶笞、膑脚，斩断、枯磔，藉靡、舌绁绝，是辱之由外至者也，夫是之谓势辱。是荣辱之两端也。故

五牛分商鞅

车裂是古代的酷刑，即令五马或五牛拉断犯人四肢与头颅，十分残忍。东周时在秦国变法的商鞅就是受车裂之刑而死。

君子可以有势辱而不可以有义辱，小人可以有势荣而不可以有义荣。有势辱无害为尧，有势荣无害为桀。义荣、势荣，唯君子然后兼有之；义辱、势辱，唯小人然后兼有之。是荣辱之分也。圣王以为法，士大夫以为道，官人以为守，百姓以为成俗，万世不能易也。今子宋子案不然，独诎容为己，虑一朝而改之，说必不行矣。譬之，是犹以塼涂塞江海也，以焦侥而戴太山也，蹎跌碎折不待顷矣。二三子之善于子宋子者，殆不若止之，将恐得伤其体也。

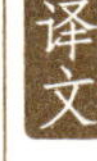

译文

宋钘讲：『被侮辱而不认为是耻辱。』回答说：要想发表议论，就要确立一个很高的标准才行，没有这个准则，是非就难以分辨，问题也就没有办法解决。过去我曾听说：『天下最高的准则，明辨是非的界线，确定各种官制、名物制度的根据，都在于古代圣王的制度。』因此，所有发表议论或约定事物的名称，其中的是非标准都要以圣王为参照；圣王的道德制度，是着重于光荣耻辱的。光荣耻辱又各自有两个方面，有道义上的光荣，有势力上的光荣，有道义上的耻辱，有势力上的耻辱。志存高远，德行敦厚，聪明精巧，这种光荣是从内心产生出来的，这就是道义上的光荣。位高权重，

享有优厚的俸禄，有优越的地位，最强的做了君王，稍逊的做了宰相大夫，这种光荣是从外部得到的，这就是势力上的光荣。行为随意、丑恶阴险，违背道义、打破伦理，凶暴残忍、唯利是图，这种耻辱是从内心产生出来的，这就是道义上的耻辱。遭到责骂训斥、挨打被揪头发，被鞭打遭受杖刑、被剔去膝盖骨遭受膑刑，被砍头断指、五马分尸暴露于街市，遭受五花大绑、反绑吊起，这些耻辱都是从外部得到的，这就是势力上的耻辱。上面讲的就是光荣耻辱的两个方面。作为君子只能有势力上的耻辱而不会有道义上的耻辱，小人则可能有势力上的光荣而不会有道义上的光荣。有势力上的耻辱对他成为尧没有任何的阻碍，有势力上的光荣对他成为桀是没有障碍的。道义上的光荣、势力上的光荣，能同时拥有它们的只能是君子；道义上的耻辱、势力上的耻辱，同时占有它们的只能是小人。这些就是光荣和耻辱两方面的道理。君王将它们当成是法度，士大夫将它们当成是原则，一般官吏则把它们当成是守则，百姓依照着它们养成习惯，这是永世都不会改变的。现在宋先生看法却不是这样的，他一味地用委曲求全来装扮自己，想用一个清晨的时间来改变历代的道德原则，他的学说没办法得到宣扬。就好像是用揉成团的泥巴去堵塞江河，让一个三尺长的侏儒去背负泰山，倾刻间就跌倒而粉身碎骨。各位有谁是和宋先生来往较多的，应该快点前去制止他，不然的话，会让自己的身体受到伤害。

原文

子宋子曰：『人之情，欲寡，而皆以己之情为欲多，是过也。』故率其群徒，辨其谈说，明其譬称，将使人知情之欲寡也。应之曰：然则亦以人之情为目不欲綦色、耳不欲綦声、口不欲綦味、鼻不欲綦臭、形不欲綦佚？此五綦者，亦以人之情为不欲乎？曰：『人之情，欲是已。』曰：若是，则说必不行矣。以人之情为欲此五綦者而不欲多，譬之，是犹以人之情为欲富贵而不欲货也、好美而恶西施也。古之人为之不然。以人之情为欲多而不欲寡，故赏以富厚，而罚以杀损也，是百王之所同也。故上贤禄天下，次贤禄一国，下贤禄田邑，愿悫之民完衣食。今子宋子以是之情为欲寡而不欲多也，然则先王以人之所不欲者赏而以人之所欲者罚邪？乱莫大焉。今子宋子严然而好说，聚人徒，立师学，成文曲，然而说不免于以至治为至乱也，岂不过甚矣哉？

译文

宋钘讲道：『人的本性是贪图很少的东西，但如今人们都认为自己的本性是去要尽可能多的东西，这是不对的。』因此他带着他的弟子们，把他的言论讲得头头是道，把他的比喻讲得精辟深入，目的就是让人们都知道人的本性是贪图很少的东西。回答说：这就是说，宋先生认为人的本性就应该是，眼睛没有兴趣去看最美丽的颜色，耳朵没有兴趣去听最动听的音乐，嘴巴没有兴趣去吃最美味的菜肴，鼻子没有兴趣去闻最好的气味，身体没有兴趣去追求最大的安逸吗？这里说的五种极好的享受，人对它们都是没有兴趣的吗？他说：『本性当中，人都是想要这些享受的。』回答说：这样的话，前后说法就有矛盾之处了。承认人的本性是想要这五种极好的享受同时又没有兴趣索取很多，可以这样来说，一方面认为人的本性是想要荣华富贵的，但另一方面又对钱财、美色没有兴趣，就连西施都很讨厌。古时候的人做事并不是这样。在他们看来，人的本性是想要多而不是少，因此才产生了用增加财物来作为奖赏，用减少财物来作为惩罚的做法，历代君王都是如此。因此最为优秀的贤士以天下的税收作为自己的俸禄，低一级的贤士以一国的税收作为自己的俸禄，下等的贤士以封地内的税收作为自己的俸禄，忠实的百姓要的是保全自己的吃穿。

假如说宋先生所认为的古代人的本性也是想要少而非多的看法成立，那么古代的君王不就是用人们不想要的东西来作为奖赏，用人们想要的东西来作为处罚吗？这应该算是最大的混乱了。宋先生现在执著地坚信自己的看法，广收门徒，组织师生建立教学关系，著书成文，但他的学说着实是在把治世中最好的情况看成是最荒谬的事情，这难道不是犯了很大的错误了吗？

稻粱

稻、粱，都是都是古代人常用的食物，配以牛羊猪狗肉类，加以烹饪，味道上佳，是『所以养口也』。

礼论

原文

礼起于何也？曰：人生而有欲；欲而不得，则不能无求；求而无度量分界，则不能不争；争则乱，乱则穷。先王恶其乱也，故制礼义以分之，以养人之欲、给人之求，使欲必不穷于物，物必不屈于欲，两者相持而长。是礼之所起也。

译文

礼产生的环境和情况是怎样的呢？回答道：人的欲望是与生俱来的；如果想要的东西不能拥有，就会产生追求；假使一味追求而没有限度的话，争抢的事件就会发生；一发生争抢祸乱就会随着而来，祸乱之后就会产生困境。古代的君王憎恶祸乱，因此就制定了礼义来规定人们的职责，用这种办法来调节人们的欲望、满足人们的需求，让人们的欲望绝对不能因为财物的原因而得不到满足，财物不会因为人们的欲望而耗尽，让物资、欲望两者互相制约，相互促进。礼的起源就是如此。

原文

故礼者，养也。刍豢稻粱，五味调香，所以养口也；椒兰芬苾，

所以养鼻也；雕琢刻镂，黼黻文章，所以养目也；钟、鼓、管、磬、琴、瑟、竽、笙，所以养耳也；疏房、檖貌、越席，床笫、几筵，所以养体也。故礼者，养也。

译文

因此说，礼是调养人们欲望的。牛羊猪狗等肉食和稻米谷子这类作物，五味调和好的美味，是为调养嘴巴而用的；椒兰散发诱人的香味，是为调养鼻子而用的；器具上雕刻的花纹图案，礼服上绘制的精美图形，是为调养眼睛而设的；钟、鼓、管、磬、琴、瑟、竽、笙等乐器，是为调养耳朵而用的；高房大屋，竹席几筵，是为调养身体而用的。从这个意义上讲，礼是调养人们欲望的。

原文

君子既得其养，又好其别。曷谓别？曰：贵贱有等，长幼有差，贫富轻重皆有称者也。故天子大路越席，所以养体也；侧载睪芷，所以养鼻也，前有错衡，所以养目也；和鸾之声，步中《武》、《象》，趋中《韶》、《護》，所以养耳也；龙旗九斿，所以养信①也；寝兕、持虎、蛟韅、丝末、弥龙，所以养威也；故大路之马，必倍至教顺，然后乘之，所以养安也。孰知夫出死要节之所以养生也？孰知夫出费用之所以养财也？孰知夫恭敬辞让之所以养安也？孰知夫礼义文理之所以养情也？故人苟生之为见，若者必死；苟利之为见，若者必害；苟怠惰偷懦之为安，若者必危；苟情说之为乐，若者必灭。故人一之于礼义，则两得之矣；一之于情性，则两丧之矣。故儒者将使人两得之者也，墨者将使人两丧之者也，是儒、墨之分也。

注释

①信：即『符信』，凭据的意思。古代君王和各级官员为了区别不同的地位和身份，使用不同的旗，

龙旗九斿是君王的符信，因此有『养信』一说。

译文

君子不仅得到了礼的调养，同时又遵从于礼的区别。何为区别呢？回答道：高低贵贱有着不同的等级，长幼老少有一定的差别，贫富尊卑之间、权重和位卑之间差别和不同都是存在的。所以，天子坐的是宽阔的大车、铺垫着绵软的蒲席，这都是为了保养身体而设的；身体旁边放着香草，是为了调养鼻子而设的；车前有画满美丽图案的横木，是为了调养眼睛而设的；在车子慢行时，车铃的声音与《武》、《象》的节奏相合，在车子飞驰时，车铃的声音又和《韶》、《頀》的节奏相合，这是为了调养耳朵而设的；画有龙图案的旗帜下有九条飘带，是为了显示天子的神气而设的；车子上画着横卧的犀牛和蹲着的老虎、马系着的腹带是用鲨鱼皮制成的、车前挂有丝制的车帘、车耳的形状像龙形，这是为了彰显天子的威严而设的；天子的大车上所配备的马，要提前把它训练得特别顺服，然后给它配上马鞍，这是为了保证安全而设的。有谁知道舍弃生命换来名节也是为了保养生命呢？有谁知道破费钱财是为了追求钱财呢？有谁知道谦让之礼是为了达到安全无争斗呢？有谁知道礼义仪式是为了调养情操呢？因此一个人看见的只是生，那么他就一定会死；如果眼睛里只有利，那么他就一定会受到损害；假如只喜欢苟且偷安，那么他就一定会面临危难；如果整日欢情于歌舞，那么他就一定会灭亡。一个人如果能一心把心思放在讲究礼义上，礼义情性就都能长期伴随着他；如果只是把心思放在情性的满足上，礼义情性就不能和他长久地相伴。儒家提倡的是将它们都保全下来，墨家提倡的则是将它们统统毁灭，这正是儒墨两家的区别之所在。

原文

礼有三本：天地者，生之本也；先祖者，类之本也；君师者，治之本也。无天地，恶生？无先祖，恶出？无君师，恶治？三者偏亡，焉无安人。故礼，上事天，下事地，尊先祖而隆君师。是礼之三本也。

译文

礼的三个根本是：生存的根本是天地，种族的根本是祖先，政治的根本是君主与师长。天地不存在的话，何谈生存？祖先没有诞生，何谈种族的产生？君主与师长没有出现，何谈太平的天下？三样之中不论少了哪一样，都不可能有安宁的人民。因此，礼就是对上听命于天，对下遵从于地，尊重祖先推崇君王。这就是礼的三个根本。

原文

故王者天太祖，诸侯不敢坏，大夫、士有常宗，所以别贵始。贵始，得之本也。郊止乎天子，而社止于诸侯，道及士、大夫，所以别尊者事尊、卑者事卑、宜大者巨、宜小者小也。故有天下者事七世，有一国者事五世，有五乘之地者事三世，有三乘之地者事二世，持手而食者不得立宗庙，所以别积厚者流泽广、积薄者流泽狭也。

拜天

我国古人敬奉天地，将天地作为世界之本源来崇拜，即为『天地者，生之本也』。当然『礼，上侍天』并不是要人听天由命，而是说人要对自然本身有所敬畏。

译文

正是这个原因，统治天下的君王可以把初创国家的始祖与天同时祭祀，诸侯也不敢毁坏始祖的宗庙，大夫和士拥有世代不能改变的祭祀的大宗，这样的宗法祭祀制度把各自尊奉的始祖一一加以区别。道德的根本是从尊重始祖开始的。能到郊外祭祀天神的人只能是天子，而土地神的祭祀则是从天子开始直到诸侯都可以参与，祭路神的活动则一直到士和大夫都可以进行，这样就区别出来了，尊贵的人只能是由尊贵的人去侍奉，卑贱的人只能由卑贱的人去侍奉，有能力做大事的就做大事，只能够做小事的就做小事。因此，天下的君王建立宗庙祭祀七代祖先，一国的诸侯建立宗庙祭祀五代祖先，大夫建立宗庙祭祀三代祖先，士建立宗庙可以祭祀两代祖先，普通的百姓则没有建立祖庙的权利，这种做法是用来有所区别：功德高的人流传的恩德十分的广远，功德低的人流传的恩德相对狭小。

原文

大飨，尚玄尊、俎生鱼，先大羹，贵食饮之本也。飨，尚玄尊而用酒醴，先黍稷而饭稻粱；祭，齐大羹而饱庶羞；贵本而亲用也。贵本之谓文，亲用之谓理，两者合而成文，以归大一，夫是之谓大隆。故尊之尚玄酒也，俎之尚生鱼也，豆之先大羹也，一也。利爵之不醮也，成事之俎不尝也，三臭之不食也，一也。大昏之未发齐也，太庙之未入尸也，始卒之未小敛也，一也。大路之素未集也，郊之麻绕也，丧服之先散麻也，一也。三年之丧，哭之不反也；《清庙》之歌，一倡而三叹也；县一钟，尚拊、膈，朱弦而通越也；一也。

译文

在太庙里合祭历代祖先的时候，把酒器里装满清水，把俎里盛上生鱼作为上等的祭品，先要进献的是

不加任何调味品的肉汁，原因是为了尊重祖先饮食的原始习俗。四季祭祀远祖的时候，上等祭品是将酒器中盛上清水，敬献甜酒，先要献上黍、稷，再去供奉上稻粱；每月祭祀近祖的时候，首先要敬献的是不加任何调味品的肉汁，其次就是呈上各种美味的食物；所有的东西都是既尊重了祖先饮食的本源，同时又接近实际的功用。尊重祖先饮食的本源是一种形式上的修饰，接近实际的功用是一种内容上的合理，两者结合起来形成的就是礼义制度，与此同时，又不乏远古的质朴状态，这可以称得上是最隆重的礼节。因此，酒杯的清水代替了酒，俎中放有生鱼，先盛上不加任何调味品的肉汁，以上三种做法回归了远古的质朴状态。代替死者受祭的尸，不会把祭祀之人所献的酒喝光，祭礼完毕后，俎中的生鱼不能吃掉，受祭者将祭祀之人献上的饮食用鼻子闻三次而不吃掉，以上三种做法回归了远古的质朴状态。举行盛大的婚礼还没有去迎亲的时候，祭祀太庙代死者受祭的尸还没有进庙的时候，在人刚死还未给他穿上寿衣的时候，以上三种情况回归了远古的质朴状态。天子祭天时所用的大车选取没有上色的丝绸做车帘，在郊外祭天时要头戴麻布制的礼帽，居丧时先在腰间系上麻带，以上三种做法回归了远古的质朴状态。服丧三年内，放声哭号没有曲折的声调；《清庙》的颂歌，一个人领唱三个人附和；悬挂一口钟，用拊、膈奏乐；将瑟底部打孔；以上三种做法回归了远古的质朴状态。

原文

凡礼，始乎棁，成乎文，终乎悦校。故至备，情文俱尽；其次，情文代胜；其下，复情以归大一也。天地以合，日月以明；四时以序，星辰以行；江河以流，万物以昌；好恶以节，喜怒以当；以为下则顺，以为上则明；万物变而不乱，贰之则丧也。礼岂不至矣哉！立隆以为极，而天下莫之能损益也。本末相顺，终始

相应；至文以有别，至察以有说。天下从之者治，不从者乱；从之者安，不从者危；从之者存，不从者亡。小人不能测也。

译文

所有的礼都是从疏略开始，直到有了礼节仪式就成形了，最终又会走到让人称心如意的境地。因此那些最为完备的礼，要表达的感情和礼节仪式都有很形象的表现；在这之下，那些所要表达的感情和礼节仪式就有相互交错的现象；最下一层，就是让那些所要表达的感情回归原始状态，不停地走向远古的质朴。不论怎样，天地会由于礼的作用而风雨应时，日月会由于礼的作用而光芒万丈；四季会由于礼的作用而按时更替，星辰会由于礼的作用而正常流转；江河会由于礼的作用而奔腾不息，万物会由于礼的作用而欣欣向荣；爱憎会由于礼的作用而适当迸发，喜怒会由于礼的作用而恰到好处；用它来统治自己的国家和民众就能得到人民的归顺，用它来要求君王就能使他保持英明通达；世间万物瞬息万变而不混乱，假如离弃了礼，那么一切将不复存在了。难道礼不成了万能的了吗？贤明的人确立了发展到高度成熟的礼制并把它制定成了最高的准则，天下人没有敢随意增减改变它的。这种礼制的根本原则和具体细节协调统一，终始相互呼应；完美至极又不乏明确的等级区分，细致入微又理论充分。普天之下，但凡是遵循礼的国家就有序，违背礼的国家就混乱；遵循礼的国家会享受安定，违背礼的国家会遭受危险；遵循礼的国家长存，违背礼的国家毁灭。对小人来说，礼的这些作用他们是估量不到的。

原文

礼之理诚深矣，『坚白』、『同异』之察入焉而溺；其理诚大矣，擅作典制、辟陋之说入焉而丧；其理

诚高矣，暴慢恣睢轻俗以为高之属入焉而队。故绳墨诚陈矣，则不可欺以曲直；衡诚县矣，则不可欺以轻重；规矩诚设矣，则不可欺以诈伪。故绳者，直之至；衡者，平之至；规矩者，方圆之至；礼者，人道之极也。然而不法礼，不足礼，谓之无方之民；法礼，足礼，谓之有方之士。礼之中焉能思索，谓之能虑；礼之中焉能勿易，谓之能固。能虑，能固，加好者焉，斯圣人矣。故天者，高之极也；地者，下之极也；无穷者，广之极也；圣人者，道之极也。故学者，固学为圣人也，非特学为无方之民也。

礼有很深奥的道理啊，所谓『坚白』、『同异』明察的辨析刚与礼的道理相碰撞就消失了身影；礼有很是伟大的道理啊，所有擅自编写的制度、凡俗的学说刚与礼的道理相碰撞就葬送了自己的生命；礼有很高深的道理啊，所有那些把粗暴残酷这些习俗作为高尚的人刚与礼的道理相碰撞就气焰全无了。以此，当木工的墨线已经陈列出来后，再用曲直来搞欺骗就是不可能的了；秤实实在在地挂了起来，再用轻重来搞欺骗就是不可能的了；圆规尺子真正摆了出来，再用方圆来搞欺骗就是不可能的了；君子心中对礼有了深刻的了解，再用诡诈来欺骗他就是不可能的了。可以这样说，墨线是直的极点；秤是平的极点；圆规尺子是方圆的极点；礼则是社会道德规范的极点。这样的话，不遵循礼，不能透彻地理解礼，就是一个没有原则的人；遵循礼，透彻地理解礼，就能称之为有原则的贤士。在遵循礼、理解礼的过程中能积极地思索判断，就可以称为善于谋虑；在遵循礼、理解礼的过程中能保持不变，就能称为有坚定的意志。能够谋虑，能够坚定，同时还有对礼的喜爱，就成为圣人了。因此天是高的极点，地是低的极点，无穷是广阔的极点，圣人自然就是道德的极点。因此一个善于学习的人，就应该以圣人为标准，不是只学怎样做一个不走正路没有原则的人。

原文

礼者，以财物为用，以贵贱为文，以多少为异，以隆杀为要。文理繁，情用省，是礼之隆也。文理省，情用繁，是礼之杀也。文理情用相为内外表里，并行而杂，是礼之中流也。故君子上致其隆，下尽其杀，而中处其中。步骤、驰骋、厉骛不外是矣，是君子之坛宇、宫廷也。人有是，士君子也；外是，民也；于是其中焉，方皇周挟，曲得其次序，是圣人也。故厚者，礼之积也；大者，礼之广也；高者，礼之隆也；明者，礼之尽也。《诗》曰：『礼仪卒度，笑语卒获。』此之谓也。

译文

礼以财物馈赠为行礼之用，将尊贵与卑贱的不同装饰作为文饰，用享受的多少表示上下等级的差别，将繁复和节俭当成是要领。繁复的礼节仪式，所要表达的情感和所起到的作用却应该是简约的，这是对隆重的礼而言的。简约的礼节仪式，所要表达的情感和所起到的作用却应该是繁复的，这是对简省的礼而言的。礼节仪式和它所要表达的情感以及所要起到的作用之间是互为表里的，二者

宫室

宫室，君子安身之所，也就是君子日常的活动范围。礼仪，是君子日常行为的规范。此处以宫室厅堂喻指君子的礼仪，可见在荀子眼中，君子礼仪是多么高妙庄严。

相互交错配合，这是对适中的礼而言的。因此懂礼的君子在面对隆重的礼仪时就极尽它的隆重，在面对简省的礼仪时就极尽它的简省，而在面对适中的礼仪同样会以适中的方式来对待。慢慢地走、迅速地跑、驾着马驰骋、再剧烈地奔跑都不去超越这一规矩，君子活动范围就是这样划定的。

人的活动如果限定在这个范围内，那就是君子的风范，如果超出了这个规矩，自然就成为普通的人；如果是在这个规矩中左右周旋，又能适时地符合它的次序，便成为圣人了。因此圣人之所以厚道，是靠礼的积蓄；圣人之所以大度，是靠礼的深广；圣人之所以崇高，是靠礼的高大；圣人之所以明察，是靠礼的透彻。《诗经》讲："礼仪如果完全和法度吻合，谈吐就自然都得当。"这种情况和上面说的是一样的啊。

原文

礼者，谨于治生死者也。生，人之始也；死，人之终也。终始俱善，人道毕矣。故君子敬始而慎终。终始如一，是君子之道、礼义之文也。夫厚其生而薄其死，是敬其有知而慢其无知也，是奸人之道而倍叛之心也。君子以倍叛之心接臧、谷，犹且羞之，而况以事其所隆亲乎！故死之为道也，一而不可得再复也，臣之所以致重其君，子之所以致重其亲，于是尽矣。故事生不忠厚、不敬文，谓之野；送死不忠厚、不敬文，谓之瘠。君子贱野而羞瘠。故天子棺椁十重，诸侯五重，大夫三重，士再重；然后皆有衣衾多少厚薄之数，皆有翣蒌文章之等[①]；以敬饰之，使生死终始若一，一足以为人愿，是先王之道、忠臣孝子之极也。天子之丧动四海，属诸侯。诸侯之丧动通国，属大夫。大夫之丧动一国，属修士。修士之丧动一乡，属朋友。庶人之丧，合族党，动州里。刑余罪人之丧，不得合族党，独属妻子，棺椁三寸，衣衾三领，不得饰棺，不得昼行，以昏殣，凡缘而往埋之，反，无哭泣之节，无衰[②]麻之服，无亲疏月数之等[③]，各反其平，各复其始，已葬埋，若无丧者而止，夫是之谓至辱。

注释

①翣菨：指的是遮盖棺材的物件。翣，像团扇，木条制成的框，蒙上带有图案的布，灵车行驶过程中，用来遮蔽灵柩，埋葬的时候插在墓穴中遮蔽棺材。菨，在古代，用来衬垫棺材的物件。文章：在这里指的是翣菨上的花纹图案。②衰：通『缞』，古代的一种丧服，是将宽四寸、长六寸的麻布条披在胸前。③无亲疏月数之等：没有按照与死者的亲疏远近关系来划分守丧的时间。在古代，根据生者和死者亲疏关系的不同，服丧的期限分别有三年、一年、九个月、五个月、三个月几个不同的类别。在这里的罪人之死『不得合族党』，所以没有亲戚参加葬礼，也就无亲疏之分，丧期之分也就不存在了。

译文

礼指的就是能够严谨地对待生与死。人生的开始是生，人生的终结是死。能把这终结和开始处理好，为人之道也就完善了。因此君子总是会谨慎地对待人生的开始，严肃地对待人生的终结。这种对待终结与开始的问题和对待事情是相通的，君子的原则就在于此，同时也是礼义的具体规定。只看重人活着的时候，对人的死亡很是轻视，对有知觉的活人尊重，对没有知觉的死人怠慢，邪恶之人遵循的就是这个原则，怀有背叛别人的心态。君子假使用背叛别人的心去对待奴仆、儿童，都有耻辱感，何况让他用这种心肠供奉自己的君主和父母呢！再加上死亡只有一次，不论是谁，只要死掉了就不可能再重来一次，所以臣子所要表达的对自己君主的敬重，子女所要表达的对自己父母的敬重，此时就到达了终点。假使供养生者不忠诚信实、不谦恭有礼，就是粗野的代名词；葬送死者不忠诚信实、不谦恭有礼，就是薄待的代名词。君子不

但鄙视粗野，与此同时还将薄待认为是耻辱的事情。因此君王的棺材所用的木材有七层，诸侯有五层，大夫有三层，士有两层；此外，他们又都有衣服被子等东西，它们的多少、厚薄都有着数目的规定，棺材都有遮蔽物而且花纹图案存在着等级差别。所有的这些是来恭敬地装饰死者的，让他们生前和死后、终结生命时和开始生命时的样子都是一样的，用这种始终如一的满足来完成人们的愿望，古代圣王遵循的就是这一原则，忠臣孝子以此为最高的标准。为君王举办丧事，天下齐哀，各处的诸侯都要来送葬。为诸侯举办丧事，所有友好的国家，都要派大夫前来送葬。为大夫举办丧事则牵动一国，各处的上士都要前来送葬。为上士举办丧事则牵动一乡，各处的朋友都要来送葬。至于为百姓举办丧事，牵动州里，则是要召集同族亲属前来送葬。为那些受过刑罚的罪犯举办丧事，同族亲属不能聚集起来送葬，只有妻子儿女前来送葬。三寸厚的棺材，三套衣服和被子，棺材没有任何的文饰，白天不准送葬，只能在黄昏时埋葬。妻子儿女不穿丧服，只能穿着平常的服装把他埋掉。事情办完之后，没有任何哭泣的礼节，披麻戴孝的丧服也没有，也就没有按照亲戚的亲疏关系形成的服丧日期的等级差别，每个人很快地回到正常的生活状态，都恢复到自己之前的样子。埋葬之后，就像是没有死人一样，不去做任何特别的事情，这是最大的耻辱。

原文

礼者，谨于吉凶不相厌者也。纩听息之时，则夫忠臣孝子亦知其闵已，然而殡敛之具未有求也；垂涕恐惧，然而幸生之心未已，持生之事未辍也；卒矣，然后作具之。故虽备家，必逾日然后能殡，三日而成服。然后告远者出矣，备物者作矣。故殡，久不过七十日，速不损五十日。是何也？曰：远者可以至矣，百求可以得矣，百事可以成矣。其忠至矣，其节大矣，其文备矣，然后月朝卜日，月夕卜宅，然后葬也。当是时也，

其义止，谁得行之？其义行，谁得止之？故三月之葬，其貌以生设饰死者也，殆非直留死者以安生也，是致隆思慕之义也。

译文

礼严格得让那些吉利的事与凶恶的事互不混淆。用新的棉絮放在临终人的鼻前测定他的气息时，即使是忠臣孝子也明白他垂危的事实了，但这时还不去考虑停柩入殓的用具；虽然他们此时满脸泪痕，担心害怕，但希望他能幸运地活下去的想法一直不断，延续他生命的事情不断地在做着；直至他死了，治丧的物品才开始着手准备。因此，就算是那些有齐备的治丧物品的人家，也要在人死一天之后才能入棺停柩，到第三天才开始身穿丧服守丧。之后到各地报丧的人才出发，准备治丧物品的人这时才开始行动起来。因此停放灵柩的时间，最长不过七十天，最快也要在五十天之上。原因是什么呢？是因为：要让远处来奔丧的亲友都能来到，最后的需求都得到了，事情都操办得很妥当了。人们的忠诚之心尽到了，对长辈的礼节实行过了，仪式齐备了，在这之后才会在月底占卜定下埋葬的地点，还要在月初占卜定下埋葬的日期，安排好了才去埋葬。这时，道义上禁止的一切事情，谁又能去做？道义上推行的一切事情，谁

对墓哀叹

逝者长已矣，庄严的葬礼并不能唤醒死者，不过帮助生者一抒对逝去之人的思念而已。

又能禁止？因此三个月的停柩葬礼，看似是用生者的器具来装饰死者的过程，其实是在保留死者来安慰在世的生者，这正是在表达尊敬怀念之意啊。

原文

丧礼之凡：变而饰，动而远，久而平。故死之为道也，不饰则恶，恶则不哀；尔则玩，玩则厌，厌则忘，忘则不敬。一朝而丧其严亲，而所以送葬之者不哀不敬，则嫌于禽兽矣。君子耻之。故变而饰，所以灭恶也；动而远，所以遂敬也；久而平，所以优生也。

译文

举行丧礼的一般原则是：人死后要进行装饰，举行丧礼每一步仪式都是为了使死者逐步远去，在长时间之后，恢复到平常的状态就会比较自然。所以，对待死者，假如不装饰死者，就很难看；难看的话，就没有人会哀痛了。如果离死者近了，人们就会产生轻视的态度；轻视，就会厌弃；厌弃了，怠慢就会产生；怠慢了，不恭敬的行动就出现了。假使有一天自己尊敬的父母亲去世了，但送葬的人却不哀痛、不恭敬，那就无异于禽兽了。君子是将这当成耻辱的。人死后之所以要进行装饰，是为了避免丑恶难看的；举行丧礼仪式时渐渐地让死者远去，是表示敬意的表现；长时间之后哀痛的心情逐渐平复，是以此让生者好好生活下去。

原文

礼者，断长续短，损有余、益不足，达爱敬之文、而滋成行义之美者也。故文饰、粗恶，声乐、哭泣，恬愉、忧戚，是反也；然而礼兼而用之，时举而代御。故文饰、声乐、恬愉，所以持平奉吉也；粗衰、哭泣、忧戚，

所以持险奉凶也。故其立文饰也，不至于窕冶；其立粗衰也，不至于瘠弃；其立声乐、恬愉也，不至于流淫惰慢；其立哭泣、哀戚也，不至于隘慑伤生。是礼之中流也。

译文

礼是取长补短，消减多余的、增加不足的，让表达怜惜恭敬的仪式能顺利地实施，以此让美好的德行道义在心中逐渐地养成。所以美丽的修饰和粗俗简陋，音乐和哭泣，安逸愉快和悲伤苦闷，它们都是相反的；但礼是把它们糅在一起来用，随时拿出来交错使用。美丽的修饰、音乐、安逸愉快，都是平安和吉祥的一种表达；粗俗简陋、哭泣、悲伤苦闷，都是凶恶和不幸的一种表达。以此礼在确立美丽修饰的规范时，妖艳的样子是要极力避免的；同时在确立粗略简陋的规范时，毁坏形体的事情也是不会做的；在确立音乐、安逸愉快的规范时，放荡不羁的程度是不可能出现的；在确立哭泣、苦闷的规范时，过度悲伤、有损身体的极限是不会达到的。这可以称其为是礼的中庸之道。

原文

故情貌之变，足以别吉凶、明贵贱亲疏之节，期止矣；外是，奸也；虽难，君子贱之。故量食而食之，量要而带之。相高以毁瘠，是奸人之道也，非礼义之文也，非孝子之情也，将以有为者也。故说豫娩泽，忧戚萃恶，是吉凶忧愉之情发于颜色者也。歌谣謸笑，哭泣谛号，是吉凶忧愉之情发于声音者也。刍豢、稻粱、酒醴、饘鬻，鱼肉、菽藿、酒浆，是吉凶忧愉之情发于食饮者也。卑绕、黼黻、文织，资粗、衰绖、菲繐、菅屦，是吉凶忧愉之情发于衣服者也。疏房、檖䫉、越席、床笫、几筵，属茨、倚庐、席薪、枕块，是吉凶忧愉之情发于居处者也。两情者，人生固有端焉。若夫断之继之，博之浅之，益之损之，类之尽之，盛之美之，使本末终始莫不顺比，足以为万世则，则是礼也。非顺孰修为之君子，莫之能知也。

译文

因此神情容貌上的变化，是用来区别吉利和不幸、显示亲疏之间的礼节等级，这样就足够了；超过了这个限度，就变成了奸邪的行为；尽管难以做到，也会遭到君子的鄙视。因此要依据食量的大小吃东西，依据腰身的尺寸扎带子。用过度的哀伤毁坏自己的身体从而在别人面前证实自己的高尚，奸邪之人才会有这样的行径，它并不在礼义规定的范围之内，也不能称之为是孝子的真情，而是有其他目的。兴奋欢乐时容光焕发，愁苦悲伤时愁眉苦脸，这是碰到吉利与不幸时忧愁与愉快不同心情在容貌上的表现。歌唱时嬉笑，哭泣时啼号，这是碰到吉利与不幸时忧愁与愉快不同心情在声音上的表现。刍豢、稻粱、酒醴，饘鬻、鱼肉、菽藿、酒浆，这分别是碰到吉利与不幸时忧愁与愉快不同心情在食物上的表现。卑绕、黼黻、文织、粗布、衰绖、菲繐、草鞋，这分别又是碰到吉利与不幸时忧愁与愉快不同心情在服饰上的表现。疏房、檖貌、越席、床笫、几筵，草屋、倚庐、席薪、枕块，这分别是碰到吉利与不幸时忧愁

藿

藿，豆叶，嫩时可食用。藿食，以嫩豆叶为食，即指所吃的食物很粗略，是君子遇到灾祸、丧葬时，忧伤之情『发于食饮者也』。

与愉快不同心情在住所上的表现。忧愁与愉快这两种心情，是人生来就有的，要让这两种情绪断绝或持续，让它们被大部分的人了解或少部分的人了解，增强或减损它们，让它们在合乎法度的前提下得到充分的表达，让它们保持旺盛和美好的状态，让所有根本的原则和具体的细节、人生终结和人生开始的仪式没有相抵触的地方，这样的话就可以用来做世世代代的法则了，这就是所谓的礼。假如不是依从礼、理解礼、学习礼、施行礼的君子，这些道理是没办法懂得的。

原文

故曰：性者，本始材朴也；伪者，文理隆盛也。无性，则伪之无所加；无伪，则性不能自美。性、伪合，然后成圣人之名，一天下之功于是就也。故曰：天地合而万物生，阴阳接而变化起，性伪合而天下治。天能生物，不能辨物也；地能载人，不能治人也；宇中万物、生人之属，待圣人然后分也。《诗》曰：『怀柔百神，及河乔岳。』此之谓也。

译文

因此可以这样讲：人天生的本性，好像是未加工过的原始木材；后天人为的修饰，在隆重盛大礼节仪式中可以体现出来。本性没有的话，人为的修饰就没有地方施行；没有人为的修饰，天生的本性也不能自我地达到完美。本性和人为的修饰相配合，圣人的名声才能由此成就，统一天下的功业才能由此而建立。因此说：上天和大地相配，就产生了万物；阴气和阳气相配，就出现了变化；本性和人为的修饰相配，治理好天下就成为自然的了。上天能使万物产生，但不能把万物治理；大地承载着人民，但不能治理人民；宇宙中的各种事物和各类人群，必须要在圣人的管理下才能安排好。《诗经》说：『聚集众神仙，来到很高的泰山。』其中的情况是很类似的啊。

丧礼者，以生者饰死者也，大象其生以送其死也。故如死如生，如亡如存，终始一也。始卒，沐浴、鬠体、饭唅，象生执也。不沐，则濡栉三律而止；不浴，则濡巾三式而止。充耳而设瑱，饭以生稻，唅以槁骨，反生术矣。设亵衣，袭三称，缙绅而无钩带矣。设掩面儇目，鬠而不冠笄矣。书其名，置于其重，则名不见而柩独明矣。荐器，则冠有鍪而毋縰，瓮、庑虚而不实，有簟席而无床笫，木器不成斫，陶器不成物，薄器不成内，笙、竽具而不和，琴、瑟张而不均，舆藏而马反，告不用也。具生器以适墓，象徙道也。略而不尽，貌而不功，趋舆而藏之，金革辔靷而不入，明不用也；象徙道，又明不用也。是皆所以重哀也。故生器文而不功，明器貌而不用。凡礼，事生，饰欢也；送死，饰哀也；祭祀，饰敬也；师旅，饰威也。是百王之所同、古今之所一也，未有知其所由来者也。故圹垄，其貌象室屋也；棺椁，其貌象版、盖、斯、拂也；无、帾、丝歶、缕翣，其貌以象菲、帷、帱、尉也；抗折，其貌以象槾茨、番、阏也。故丧礼者，无它焉，明死生之义，送以哀敬而终周藏也。故葬埋，敬藏其形也；祭祀，敬事其神也；其铭、诔、系世，敬传其名也。事生，饰始也；送死，饰终也。终始具，而孝子之事毕、圣人之道备矣。

译文

丧葬中的礼仪，是按照活人的情形来装饰死人的，主要是依照他的生前事迹来为他送终的。因此对待逝世就像是对待出生一样，侍奉死人就要像侍奉活人那样，对待人生的终结要与对待人生的开始一样。在人刚死的时候，要给他洗头洗澡、把头发扎起来，把指甲剪干净、把珠玉等含物放入死者的口中，这些都是在模仿他生前的工作。如果不给他洗头的话，就用沾水的梳篦梳理三下就行了；如果不洗澡的话，就用沾水的毛巾擦三遍就行了。把耳朵填塞起来，将生米放入口中，将贝塞在嘴里，这又和生前所做的事情相反了。为死者穿好内衣，外衣要穿三套，朝板照例插在腰带上，不要设紧腰带的钩子。裹上用来遮脸的白绢和遮眼的黑色丝巾，把头发扎起来而不戴帽子、不插簪子。将死者的名字写在明旌上，然后把它放在神主牌上，他的名字看不见了，只有灵柩十分明显在那里放着了。给死者的随葬物品，帽子有卷边但没有包发的丝巾，有瓮、庑但是空着不放东西，有竹席但没有床垫，木器都没有经过雕饰，陶器都没有成形，竹子芦苇制成的物品没有什么用处，笙、竽都有但声音不和谐，琴、瑟上了弦但还没有调音，运棺材的车子一同埋葬，马要牵回去，但不再用了。将生前的用具准备好了之后送到墓中，这模拟的是搬家的程序。随葬的物品简约不够齐备，徒有外表却不够精细，赶着车将它们送到墓地埋葬，车辔、车套等车上的用具不埋，但都不再用了；模拟搬家的程序，也表示了那些随葬的东西不再用了。所有的这些为的都是加重哀伤的情感。因此，生前的用具只有礼仪上的作用而不再使用它，随葬的物品只有外表却不精制。所有的礼仪，侍奉活着的人都是为了渲染欢乐之情，葬送死者是为了更深层地表达哀伤的情感，祭祀是为了装饰恭敬的情感，军队是为了彰显威武的气势。各代帝王在这方面都是相同的、古今也都是一致的，但是至于它是从什么时代传下来的，就没有人知道了。因此，墓穴和坟冢，它们像房屋的形状；内棺外棺，它们的形状又像是车旁板、车顶盖、车前皮盖、车后革帘构成的车厢，尸体和棺材上盖的被子、丝织麻织的遮蔽物、棺材的遮蔽物，它们的形状是在窗帘和各种帷帐的基础上变化而来的；承受坟冢之重、覆盖墓穴的葬具硬度很高，它们是仿效墙壁、屋顶、篱笆和门户而来的。因此，丧葬的礼仪，其他的含义什么都没有，只是为了显示出生死的意义，用悲痛哀悼的心情去葬送死者，最终把他妥善地掩藏好。之所以埋葬，是为了恭敬地将死者的躯体收起来；之所以祭祀，是为了恭敬地将死者的灵魂侍奉；那些铭文、诔辞、传记家谱，是为了恭敬地将死者的名声传颂。侍奉初生的人，是用礼对待生命的开始；葬送死者，是用礼对待生命的终结。养生送死的礼仪没有任何的疏忽，孝子的事情也就办完了，圣人之道也就齐备了。

原文

刻死而附生谓之墨，刻生而附死谓之惑，杀生而送死谓之贼。大象其生以送其死，使死生终始莫不称宜而好善，是礼义之法式也，儒者是矣。

译文

减损死者的所用之物，从而增加生者的所用之物，是刻薄的表现，减损生者的所用之物从而增加死者的所用之物，是惑乱的表现，将生者杀掉来殉葬死者，是残害的做法。大概模拟他生前的情景来为他送终，让逝者和活人、人生终结和人生开始时的仪式合于礼数，尽善尽美，这自然就是礼义的标准了，这就是儒者啊。

原文

三年之丧，何也？曰：称情而立文，因以饰群，别亲疏、贵贱之节而不可益损也。故曰：无适不易之术也。创巨者，其日久；痛甚者，其愈迟。三年之丧，称情而立文，所以为至痛极也。齐衰、苴杖、居庐、食粥、席薪、枕块[①]，所以为至痛饰也。三年之丧，二十五月而毕，哀痛未尽，思慕未忘，然而礼以是断之者，岂不以送死有已、复生[②]有节也哉？凡生乎天地之间者，有血气之属必有知，有知之属莫不爱其类。今夫大鸟

兽则失亡其群匹，越月逾时，则必反铅；过故乡，则必徘徊焉，鸣号焉，踯躅焉，踟蹰焉，然后能去之也。小者是燕爵犹有啁噍之顷焉，然后能去之。故有血气之属莫知于人，故人之于其亲也，至死无穷。将由夫愚陋淫邪之人与？则彼朝死而夕忘之；然而纵之，则是曾鸟兽之不若也，彼安能相与群居而无乱乎？将由夫修饰之君子与？则三年之丧，二十五月而毕，若驷之过隙；然而遂之，则是无穷也。故先王圣人安为之立中制节，一使足以成文理，则舍之矣。

注释

①齐衰：指的是熟麻布做成的丧服。苴杖：用粗糙的竹子做成的临时手杖，是在哭丧时用的。居庐：指的就是『倚庐』，是给居丧人住的小屋。②复生：丧事办完之后，恢复正常的生活秩序。

译文

什么是三年的服丧呢？回答道：这种礼仪制度是根据人的感情而确立的，是用来整理亲族，区分远近亲疏以及高贵与卑贱的不同礼节，再不能从中增减什么了。因此说：这种措施无论到什么地方都是不可改变的。大的伤口，愈合时间就会漫长；严重的伤痛，痊愈的过程自然就慢。三年服丧的礼仪制度，是根据人的感情而确立

雀

燕雀是禽类，其亲者逝去，也要盘桓哀鸣，更何况，『有血气之属莫知于人，故人之于其亲也，至死无穷。』

的，为那些伤痛至极的感情立的最高期限。身上穿着丧服、手中撑着孝棍、整日居住在简陋的房屋中、只吃薄粥、用柴草做垫席、用土块做枕头，这是为那些特别悲痛的心情作的外在的装饰。三年的服丧，实际上二十五个月就终止了，但哀伤的情绪却不会瞬时间终止，思念的心情是难以抑制的，礼制规定却要在这个时候终止服丧，这样做的原因，难道不是因为送别死者要有个终结、恢复正常的生活要有一定的克制吗？但凡是生存于天地之间的，不论人还是动物都是有知觉的，有知觉就没有不爱自己同类的，假使失去了自己的群体或配偶，那在一个月或之后一定的时间里，总有一天会返回队伍的；每当来到原来住过的地方，就定会在那里作几次徘徊周旋，啼鸣吼叫一番，并且还要驻足一阵，来回走动，然后才会离开。对于小的燕子麻雀之类的也还要在那里叽叽喳喳一会儿，之后才离开。人是有血气的种属中最聪明的一类了，因此人对于自己父母的感情，直到死都不会穷尽。是要跟从那些浅陋无耻的人吗？早晨他们的父母亲死了，晚上他们就忘了；这样的情况放任自流的话，那他们就连鸟兽都不及了，他们又如何能够互相在一起居住而没有纷争呢？是要依从那些修养很深的君子吗？那三年的服丧期，二十五个月完毕了之后，他们认为时间飞快得像驾车的四匹马经过墙缝一样迅速；这种情况还依顺着他们的话，那就会无限期地服丧。由于这些原因，先王圣明的人就综合确定了适中的标准、制定出了服丧三年的礼节，让人们能从容地完成礼仪，之后按照规定除去丧服。

然则何以分之①？曰：至亲以期断②。是何也？曰：天地则已易矣，四时则已遍矣，其在宇中者莫不更始矣，故先王案以此象③之也。然则三年何也？曰：加隆焉，案使倍之，故再期也。由九月以下，何也？曰：

案使不及也。故三年以为隆，缌、小功以为杀④，期九月以为间⑤。上取象于天，下取象于地⑥，中取则于人，人所以群居和一之理尽矣。故三年之丧，人道之至文者也。夫是之谓至隆。是百王之所同、古今之所一也。

注释

①分之：指的是按照亲疏远近关系制定穿丧服的年限。在古代，父亲在世为母亲、已嫁女为父母的服丧期都是一年。②以期断：一年为期限。③象：象征新的开始。④缌：细的麻布，这里指的是细麻布做成的丧服，穿三个月。古代的五种丧服包括：斩衰、齐衰、大功、小功、缌麻，缌麻是最轻的一种。那些关系较为疏远的亲属、亲戚都穿缌麻丧服。小功：也是一种丧服名，它是用较细的熟麻布做成的，穿五个月。男子在为从祖父母、堂伯、堂叔等人服丧时，服小功。小功的上一级是大功，是穿九个月的丧服。杀：减少的意思。⑤间：介于隆、杀之间中等的礼数。⑥上取象于天，下取象于地：服丧三年的根据在于农历每三年出现一个闰月，服丧一年的根据在于天时每年按照规律变化一次，服丧九月的根据在于天地以九为阳数，服丧五月的依据在于地有东西南北中五向、金木水火土五行，服丧三月的根据在于天时三月为一季。取象，取法的意思。

译文

即是如此，如何区分亲疏不同的丧礼呢？回答道：最亲近的父母，对他们本来就是要在一周年时终止服丧的。原因是什么呢？回答道：经过了一周年，天地都变了模样，四季又轮回了一遍，宇宙中的动植物统统都开始生长了，因此古代的圣王就用人事效法天地，以此来象征新的开始。即是如此，那为什么又有三年的丧期呢？回答道：原因是为了特别加重哀情，使其加倍，所以加了两年。九个月以下的丧期，又是

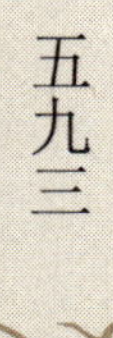

大享先王图

商代帝王盘庚祭祀先王，以表达对历代君王思念。君王管理天下，安抚万民，是天下百姓的父母，因此后世君臣会以祭祀的方式纪念他们。

怎么来的呢？回答道：为的是让它不如父母的丧礼隆重。人们把服丧三年作为最隆重的礼，把穿缌、小功举行的丧礼作为减等的丧礼，服丧九个月也就成了中等的丧礼。这种礼的制定，上得自于天，下得自于地，中得自于人，人们之所以能合群居住在一起，并且和谐相处，其中的道理也就体现出来了。因此三年的服丧，是做人之道最高的礼仪。也就是最为隆重的礼仪。各代帝王在这方面都是相同的、古往今来也都是一致的。

原文

君之丧所以取三年，何也？曰：君者，治辨之主也，文理之原也，情貌之尽也，相率而致隆之，不亦可乎？《诗》曰：『恺悌君子，民之父母。』彼君子者，固有为民父母之说焉。父能生之，不能养之；母能食之，不能教诲之；君者，已能食之矣，又善教诲之者也，三年毕矣哉？乳母，饮食之者也，而三月；慈母，衣被之者也，而九月；君，曲备之者也，三年毕乎哉？得之则治，失之则乱，文之至也。得之则安，失之则危，情之至也。两至者俱积焉，以三年事之犹未足也，直无由进之耳！故社，祭社也；稷，祭稷也；郊者，并百王于上天而祭祀之也。

译文

君主的丧礼期限选取三年的原因是什么呢？回答道：君主是整个社会的主宰者，礼义制度本源于此，是忠实的内情和恭敬的外貌所要侍奉的极致，人们纷纷遵循，对他的尊重，不也是可以理解的吗？《诗经》讲：『和蔼平易的君子，是人民的衣食父母。』那些君子本来就有是民众父母的说法。父亲能将自己生下，但不能尽到喂养自己的职责；母亲能够喂养自己，又不能尽到教诲自己的职责；君主则是既能养育百姓，又能适时而教的人，为君主服丧三年就结束了吗？对喂养自己的奶妈，应该为她服丧三个月；对替自己料理衣被床铺的慈母，应该为她服丧九个月；君主是照顾自己各个方面的人，为他服丧三年就结束了吗？这一点注意到了，就能把国家治理好；这一点忽视了，国家就会变得混乱；这是在礼义制度中再不能重要的礼节啊。这一点做到了，国家就会安定；这一点做不到，国家就会危险；这是忠信之情的最高体现啊。最重要的礼节和最高的情感表达都在君主的丧礼中得以显现，因此用三年时间来侍奉君主的神灵恐怕还是不足啊，只是这丧期实在是没有办法再增加了！所以在社祭时，祭祀的只有土地神；稷祭时，祭祀的只有谷神；郊祭时，就把历代的帝王和上天合起来一同祭祀。

原文

三月之殡，何也？曰：大之也，重之也。所致隆也，所致亲也，将举错之，迁徙之，离宫室而归丘陵①也，先王恐其不文也，是以繇其期，足之日也。故天子七月，诸侯五月，大夫三月，皆使其须足以容事，事足以容成，成足以容文，文足以容备，曲容备物之谓道矣。

注释

①丘陵：小土山称之为丘，大土山称之为陵。丘陵，在这里指的是坟墓。古代帝王诸侯之墓又称为丘的，比如说吴王阖闾之丘。也有称之为陵的，比如说绍兴的禹陵等。

译文

停柩三个月，是什么原因呢？回答道：之所以要这样做，就是为了表示重视其事，不敢草率的意思。当死者是自己很尊重的人，十分亲密的人，要安排他，把他移走，从宫室中离开，继而埋葬到陵墓中去，古代的圣明君王唯恐这种事情不能够合乎礼仪，所以就把停柩的日期延长，让操办丧事的人能够有足够的时间来安排各项事情。因此天子停柩时间是七个月，诸侯是五个月，大夫是三个月，这样做的原因都是为了在停柩的时间内能从容地操办各种事情，丧事的成功是由这些所安排的事情来保证的，礼仪的实施又是通过妥善安排这些事情来保证的，礼仪的实施又使得丧葬物品得以完备，诸多方面能确保丧葬物品的完备，这就是最正确的、应遵循的原则了。

原文

祭者，志意思慕之情也。愅诡唈僾而不能无时至焉。故人之欢欣和合之时，则夫忠臣孝子亦愅诡而有所至矣。彼其所至者，甚大动也；案屈然已，则其于志意之情者惆然不嗛，其于礼节者阙然不具。故先王案为之立文，尊尊亲亲之义至矣。故曰：祭者，志意思慕之情也。忠信爱敬之至矣，礼节文貌之盛矣，苟非圣人，莫之能知也。圣人明知之，士君子安行之，官人以为守，百姓以成俗。其在君子，以为人道也；其在百姓，以为鬼事也。故钟、鼓、管、磬、琴、瑟、竽、笙，《韶》、《夏》、《護》、《武》、《汋》、《桓》、《箾》、《象》，是君子之所以为悼诡其所喜乐之文也。齐衰、苴杖、居庐、食粥、席薪、枕块，是君子之所以为悼诡其所哀痛之文也。师旅有制，刑法有等，莫不称罪，是君子之所以为悼诡其所敦恶之文也。卜筮视日，斋戒修涂，几筵、馈荐，告祝，如或飨之。物取而皆祭之，如或尝之。毋利举爵，主人有尊，如或觞之。宾出，主人拜送，反，易服，即位而哭，如或去之。哀夫！敬夫！事死如事生，事亡如事存，状乎无形影，然而成文。

译文

祭祀活动，是用来表达人的心意和思慕之情的。人们感动郁闷的时候是需要有机会来表达的。人们欢喜和睦的时候，忠臣孝子也会有这样的感动，人们思念君主、亲人不得同享欢乐的心情也是需要表达的。他们想要表达的心情，是一种十分强烈的激动；假使没有祭祀的礼仪，那他们内心的情感方面就会感到惆怅，就不会有满足感，在礼节方面他们就会产生欠缺和遗憾的感觉。在这种情况下，古代的圣王就为他们制定了礼仪制度，这样一来，尊重君主、尊敬父母的道义就有表达的途径了。因此可以说：祭祀是用来表达人的心意和思慕之情的。这是忠诚敬爱的最高表现形式，是礼节仪式的极致，假使不是圣人的话，这一点是很难弄明白的。圣人清楚地明白祭祀的意义，有道德的士君子坦然地参加祭祀活动，官吏将祭祀当成是自己的职责，百姓则将它变成了自己的习俗。在君子那里，被认为是统治社会的一种道德规范；在百姓那里，被认为是侍奉鬼神的事情。钟、鼓、管、磬、琴、瑟、竽、笙等乐器在祭祀的过程中被使用，《韶》、《夏》、《頀》、《武》、《汋》、《桓》、《箾》、《象》等乐曲在祭祀过程中被演奏，这都是君子在被他喜爱的事情感动之后，用一种礼仪形式来表达这种感动的表现。穿着丧服、撑着孝棍、住在陋屋、只吃薄粥、把柴草当成是垫席、把土块当成是枕头，这是君子在感到哀伤之后，用一种礼仪形式来表达这种情绪的表现。军队有它特定的制度，刑法有自己轻重的等级，没有任何刑罚与罪行是相悖的，这是君子在感到厌恶之后，用一种礼仪形式来表达这种情绪的表现。占卜卦数、观察日月星辰判断是否吉利，清洁身心、打扫装饰祠庙，把祭祀的席位摆好、把牺牲黍稷等祭品供奉好，受祭者支配男巫，仿佛是真有神来享用祭品。先前准备好的祭品都献给代表死者受祭的尸，受祭者要全部尝遍，就仿佛是真的有神尝过一样。辅助祭祀的人不准举杯向受祭者敬酒，祭祀的主人要亲自向受祭者劝饮，受祭者饮用了，就仿佛是真的有神在举杯喝酒。祭祀结束后宾客离开，主人拜揖为他们送行，返回之后，脱掉祭服换上丧服，坐到座位上痛哭，就仿佛是真的有神离开了他。如此悲哀！如此恭敬！侍奉死者就好像是在侍奉生者一样，侍奉已故去的人就好像是在侍奉依然活着的人一样，被祭祀的人虽然没有身影，但这种活动，无疑可以作为一种礼仪制度在人类社会中存在。

解蔽

凡人之患，蔽于一曲而暗于大理。治则复经，两疑则惑矣。天下无二道，圣人无两心。今诸侯异政，百家异说，则必或是或非，或治或乱。乱国之君，乱家之人，此其诚心莫不求正而以自为也，妒缪于道而人诱其所迨也。私其所积，唯恐闻其恶也。倚其所私以观异术，唯恐闻其美也。是以与治虽走而是已不辍也。岂不蔽于一曲而失正求也哉？心不使焉，则白黑在前而目不见，雷鼓在侧而耳不闻，况于使者乎！德道之人，乱国之君非之上，乱家之人非之下，岂不哀哉？

大凡人的毛病在于，总被事物的某一个侧面蒙蔽而不能通览全局。纠正了片面的认识才能回到正确的道路上，在偏见与正确的道理之间犹豫不决的话就会产生疑惑。天下绝对没有两种对立的正确原则，圣人也不会同时具有两种对立的思想。如今诸侯各国有着各自不同的政治措施，各个学派有各自不同的学说，结果就一定是有对的、有错的，有的带来安定的局面、有的造成社会的混乱。那些将国家搞乱的君主，把学派搞乱的学者，他们都并非不愿意去找一条正确的道路来为自己服务，之所以弄成现在这样，是由于他们偏离了正道，别人就会依照他们的爱好去诱导他们。他们执著于自己平时积累的学问，很是畏惧有谁会非议自己。他们用自己喜爱的那些学识去审视与自己不同的学说，害怕有人会对异己学说提出赞美。这样一来，他们和那些正确的原则的距离就越来越大了，而且还全然不知危险、不悬崖勒马。难道这不是被事物的某个侧面蒙蔽以至于丧失了对正道的追求吗？假使心思没有放在正道上，那即是黑和白就清楚地摆在

面前眼睛也分辨不出来，雷鼓就在身边不停地敲击但耳朵什么都听不进，更不用说对那些被他们当成是异端的用心正道的人，他们就更加看不到，听不见了。了解正确的政治原则的人，把国家搞乱的君主在堂上非难他，把学派搞乱的学者在下面非难他，莫非这不是很可悲的事情吗？

原文

故为蔽？欲为蔽，恶为蔽；始为蔽，终为蔽；远为蔽，近为蔽；博为蔽，浅为蔽；古为蔽，今为蔽。凡万物异，则莫不相为蔽，此心术之公患也。

译文

什么东西容易让人蒙蔽呢？爱好会让人蒙蔽，憎恶同样会让人蒙蔽；只看到事物的最初状态会让人蒙蔽，只看到事物最终的状态也会让人蒙蔽；只看到远处的事物会让人蒙蔽，只看到近处的东西也会让人蒙蔽；渊博的知识会让人蒙蔽，浅陋的知识也会让人蒙蔽；只对古代了解会让人蒙蔽，只看到当下也会让人蒙蔽。只要是事物存在相异的对立面，蒙蔽就不能避免，这是人们思想上最为普遍的祸害啊。

原文

昔人君之蔽者，夏桀、殷纣是也。桀蔽于末喜、斯观而不知关龙逢，以惑其心而乱其行；纣蔽于妲己、飞廉而不知微子启，以惑其心而乱其行。故群臣去忠而事私，百姓怨非而不用，贤良退处而隐逃，此其所以丧九牧之地而虚宗庙之国也。桀死于亭山，纣县于赤旆，身不先知，人又莫之谏，此蔽塞之祸也。成汤监于夏桀，故主其心而慎治之，是以能长用伊尹而身不失道，此其所以代夏王而受九有也。文王鉴于殷纣，故主其心而慎治之，是以能长用吕望而身不失道，此其所以代殷王而受九牧也。远方莫不致其珍，故目视备色，

关龙逢

关龙逢，又称豢龙，夏朝末期的大臣。关龙逢为人耿直，忠君爱国，由于对夏桀淫逸无道，荒疏朝政不满而多次忠谏，最终被夏桀杀死。

耳听备声，口食备味，形居备宫，名受备号，生则天下歌，死则四海哭，夫是之谓至盛。《诗》曰：『凤凰秋秋，其翼若干，其声若箫。有凤有凰，乐帝之心。』此不蔽之福也。

译文

之前的君主中夏桀、商纣就是被蒙蔽的例子。夏桀被末喜、斯观蒙蔽，而不赏识关龙逢，从而让自己思想变得惑乱，行为变得荒唐；商纣被妲己、飞廉蒙蔽，失去了赏识微子启的机会，从而让自己思想变得惑乱，行为变得荒唐。因此，臣子们都抛弃了对他们的忠诚去谋求私利了，百姓们都怨恨他们，不愿意为他们效力，才能过人的官员都辞官回家了，这正是他们失掉天下，同时让那建有宗庙的国都变成一片废墟的原因。夏桀死在了鬲山，商纣的头被悬挂在了红色旗帜的飘带上，对他们来说，预先知道自己的过错是不可能的，别人又没有及时地进行劝告，正是蒙蔽带来的祸害啊。商汤把夏桀的例子作为前车之鉴，因此下定了决心去严肃地治理国家，所以他才能长期地任用伊尹同时还遵循着正确的治国原则，这正是他之所以取代夏桀统治九州的原因。周文王则是吸取了商纣的教训，因此下定了决心去严肃地治理国家，所以他才能长期地任用吕

望同时还能遵循着正确的治国原则，这正是他之所以取代商纣统治九州的原因。远方各地的国家各自送上了自己的珍贵器物，因此他们的眼睛能看到应有尽有的美色，耳朵能听应有尽有的美妙音乐，嘴巴能品尝应有尽有的山珍海味，住在各种豪华的宫殿，自己的名字被附上各种美好的称号；在世的时候，天下人都在颂扬他们的德行，过世之后，天下人都感到痛苦至极，这是最为盛大的。《诗经》说：『凤凰翩翩起舞，它的翅膀仿佛是盾牌，它的鸣声如同洞箫一样的悠扬。凤凰都拥有了，君王心中喜气洋洋。』这种幸福是源自于不被蒙蔽啊。

原文

昔人臣之蔽者，唐鞅、奚齐是也。唐鞅蔽于欲权而逐载子，奚齐蔽于欲国而罪申生[1]。唐鞅戮于宋，奚齐戮于晋。逐贤相而罪孝兄，身为刑戮，然而不知，此蔽塞之祸也。故以贪鄙背叛争权而不危辱灭亡者，自古及今，未尝有之也。鲍叔、宁戚、隰朋仁知且不蔽[2]，故能持管仲而名利福禄与管仲齐。召公、吕望仁知且不蔽，故能持周公而名利福禄与周公齐。传曰：『知贤之谓明，辅贤之谓能。勉之强之，其福必长。』此之谓也。此不蔽之福也。

注释

①申生：晋献公的太子，奚齐同父异母的兄长。骊姬为了让奚齐继承皇位，就在晋献公面损坏申生的形象，晋献公对她的话信以为真，迫使申生自杀。晋献公同时又改立奚齐为继承人。献公过世后不久，奚齐就被晋国大夫里克杀害。②鲍叔、宁戚、隰朋：都是齐桓公的大臣。鲍叔，名牙，曾奉公子小白出奔莒。小白就是之后的齐桓公，他称王之后将鲍叔任命为宰相，鲍叔谢绝并推荐管仲，后人称其为

知人。隰朋，是齐庄公的曾孙，戴仲的儿子。

之前的臣子中唐秧、奚齐就是被蒙蔽的例子。唐鞅为了追求权势受到蒙蔽，驱逐了戴讙，奚齐为了争夺国君之位受到蒙蔽，加罪于申生。最后唐鞅在宋国遭到杀害，奚齐则在晋国被杀害。唐鞅把有德才的国相逐出了国家，奚齐治罪于孝顺的兄长，最后的结果是葬送了自己的性命，至死都不明白原因是什么，这就是蒙蔽带来的祸害啊。因此，从古到今，还没有谁贪婪卑劣而违背正道争夺权力，最后还避免于屈辱灭亡遭遇的。鲍叔、宁戚、隰朋仁德明智并且不会被蒙蔽，因此能协助管仲，他们享有和管仲相同的名声和俸禄。召公、吕望仁德明智并且不会被蒙蔽，因此能扶助周公，他们享有和周公相同的名声和俸禄。古书上曾讲道：『能分辨出贤人的叫明智，能协助贤人的叫贤能。努力辨别贤人、尽力协助贤人，这个人的幸福就会延续很久。』讲的就是这个问题。这正是不被蒙蔽带来的幸福啊。

原文

昔宾孟之蔽者，乱家是也。墨子蔽于用而不知文，宋子蔽于欲而不知得，慎子蔽于法而不知贤，申子蔽于势而不知知，惠子蔽于辞而不知实，庄子蔽于天而不知人。故由用谓之道，尽利矣；由俗谓之道，尽嗛矣；由法谓之道，尽数矣；由势谓之道，尽便矣；由辞谓之道，尽论矣；由天谓之道，尽因矣。此数具者，皆道之一隅也。夫道者，体常而尽变，一隅不足以举之。曲知之人，观于道之一隅而未之能识也，故以为足而饰之，内以自乱，外以惑人，上以蔽下，下以蔽上，此蔽塞之祸也。孔子仁知且不蔽，故学乱术足以为先王者也。一家得周道，举而用之，不蔽于成积也。故德与周公齐，名与三王并，此不蔽之福也。

四夷来王图　大禹建立夏朝之后，治国有方，夏国国力日益强大，夏禹的声名也越传越远，四方蛮夷纷纷来朝纳贡，向中华称臣。这是由于夏禹能体爱万民，不被一家之言蒙蔽，兼听天下，真正做到心中装有天下。

译文

之前那些搞乱学派的学者就是游士中被蒙蔽的例子。墨子被只重实用不知文饰蒙蔽，宋子被只知道人都有寡欲的一面忽视了人有贪的一面蒙蔽，慎子被只懂得法治却不懂贤人的重要性蒙蔽，申子被只懂得权势的作用却不懂得才智的作用蒙蔽，惠子被只知道名辩却不懂得实际蒙蔽，庄子被只懂得自然的作用却忽视了人的力量蒙蔽。因此，从实用方面来看，功利成了唯一重要的了；从欲望方面来看，满足成了唯一重要的了；从法治方面来看，法律条文成了唯一重要的了；从权势方面来看，权势的好处成了唯一重要的了；从名辩方面来看，许多不切实际的理论成了唯一重要的了；从自然方面来看，遵循规律成了唯一重要的了。这些说法，都只是道的一个侧面。道本身是经久不变的，同时又能涵盖所有的变化，一个角度是不能做到完整地概括和认识的。片面了解问题的人，看到的只是道的一个侧面并没有切实地认识它的本质，因此把看到的这个侧面看成是完整的道加以研究，于是在内扰乱了学派的思想，在外迷惑了别人，上则遭受臣民的蒙蔽，下则遭受君主的蒙蔽，这些都是蒙蔽招致的祸害啊。孔子是有仁德智慧的人，不会被蒙蔽，多方学习之后，将他的学说融汇出能够作为辅助古代圣王的政治原则。假使让孔子这一派人物把周备全面的道掌握了，不断地推崇和运用它，同时不被旧的习俗所蒙蔽。他的德行就会与周公平齐，名声和三代开国之王一样显赫，这些就是不被蒙蔽带来的幸福啊。

圣人知心术之患，见蔽塞之祸，故无欲、无恶，无始、无终，无近、无远，无博、无浅，无古、无今，兼陈万物而中县衡焉。是故众异不得相蔽以乱其伦也。

译文

圣人明白心智思想上的缺陷，知道被蒙蔽带来的祸害。因此不但不凭借自己的喜好，也不凭借自己的憎恶。既不只看到开始，也不只看到终了。既不只看到近的地方，也不只看到远的地方。既不只看重广博，也不只囿于浅陋。既不只单了解古代，又不只懂得现在。圣人是要同时将各种事物放在一起，依照一定的标准进行权衡。因此事物的对立面就不会受到遮掩，也不会将条理搞乱了。

何谓衡？曰：道。故心不可以不知道。心不知道，则不可道而可非道。人孰欲得恣而守其所不可以禁其所可？以其不可道之心取人，则必合于不道人，而不知合于道人。以其不可道之心，与不道人论道人，乱之本也。夫何以知？曰：心知道，然后可道。可道，然后能守道以禁非道。以其可道之心取人，则合于道人而不合于不道之人矣。以其可道之心与道人论非道，治之要也。何患不知？故治之要在于知道。

译文

那权衡事物的标准是什么呢？回答道：是道。因此自己对道是不能一无所知的。假使自己心中不了解道，就会把道予以否定从而去认可那些违背道的东西。有谁能为了获得自如，来遵循自己否认的东西并且以此来对抗自己所赞成的东西呢？假使用那种否定道的思想来用人的话，那些不遵循道的人就会和他掺和在一起，相反遵循道的人就会离他远去。用那些不遵循道的思想和人去评判那些遵循道的人，社会的混乱就会产生。这样的话，又凭什么去理解那些遵循道的人呢？回答说：心里明白了道，之后才会赞同道。赞同了道，之后才能遵循道来遏制那些不遵循道的东西。拿那种遵循道的思想来选用人，自然会和遵循道的人融合在一起，相反那些不遵循道的人也就会离他远去。用那些遵循道的思想和人去评判那些不遵循道的人，治理有序的社会环境就会由此产生。这样的话，还怕没有智慧吗？所以，把社会治理好的关键在于了解道。

原文

人何以知道？曰：心。心何以知？曰：虚壹而静。心未尝不臧也，然而有所谓虚；心未尝不满也，然而有所谓一；心未尝不动也，然而有所谓静。人生而有知，知而有志；志也者，臧也；然而有所谓虚，不以所已臧害所将受谓之虚。心生而有知，知而有异；异也者，同时兼知之；同时兼知之，两也；然而有所谓一，不以夫一害此一谓之壹。心，卧则梦，偷则自行，使之则谋，故心未尝不动也；然而有所谓静，不以梦剧乱知谓之静。未得道而求道者，谓之虚壹而静，作之，则将须道者，虚则入；将事道者，之壹则尽；将思道者，静则察。知道察，知道行，体道者也。虚壹而静，谓之大清明。万物莫形而不见，莫见而不论，莫论而失位。坐于室而见四海，处于今而论久远，疏观万物而知其情，参稽治乱而通其度，经纬天地而材官万物，制割大理而宇宙里矣。恢恢广广，孰知其极？睪睪广广，孰知其德？涫涫纷纷，孰知其形？明参日月，大满八极，夫是之谓大人。夫恶有蔽矣哉？

译文

人要了解道靠的是什么呢？回答道：靠的是心。心又是靠什么来了解道的呢？回答道：靠的是虚心、专心和静心。心从来就是储存东西的，但又有所谓的虚；心从来都是要权衡所有东西的，但又有所谓的专；心从来都是不停运动着的，但又有所谓的静。人天生就有智能，记忆也就由此产生；记忆就是将已有的信息进一步地存储起来；但又有所谓的虚，指的就是不让那些已经存储的知识去妨害将要接受的知识。心天生就是有智能的，智能的存在让人能够区别不同的事物，与此同时又能够把它们了解。这里指的了解，即是一种彼此兼顾。但又有所谓的专，指的就是不让某种事物来妨害对这一事物的认识。心休息的时候就会做梦，疲劳的时候就会随意地遐想，在用它的时候就主动地思考，从这个意义上讲，心是一直处于运动状态的。但又有所谓的静，指的是不让梦境和杂乱的想法扰乱了智慧。对那些还没有理解道却一直寻求道的人，要将虚心、专心和静心的道理告诉他们，作为他们的行动准则。想拥有道的人，在达到了虚心的时候就能够得到了；想施行道的人，在达到了专心的时候就能施行了；想明察道的人，在达到了静心的时候就能够明察了。得到道又能明察，知道了道又能施行，这可以称之为是实践道的人。如果能够到达虚心、专心与静心的境界，就能称其为最大的透彻清明。世间万物，只要有迹可寻，在他眼里就没有看不见的，所有看到的都能一一作出评判，而且所有的评判都很到位。他在屋里坐着就能看到整个天下，在现世就能评判远古，不仅通览万物，而且能看清它们的真相，不仅能评判社会的治乱，而且能参透它的法度，能治理天地进而

控制万物，能掌握全局性的道理从而将宇宙掌握在手中。是如此的宽广啊，他智慧的尽头有谁能知晓呢？是如此的广阔啊，他德行的深度有谁能够说得明白？变化万千、千头万绪，他思想的轮廓有谁能够清楚？其光辉能与日月相提并论，广博一直通达到很远的地方，伟大的人就是这样的。这样的人难道还会有被蒙蔽的时候吗？

原文

心者，形之君也，而神明之主也；出令而无所受令；自禁也，自使也；自夺也，自取也；自行也，自止也。故口可劫而使墨云，形可劫而使诎申，心不可劫而使易意，是之则受，非之则辞。故曰：心容，其择也无禁，必自见；其物也杂博，其情之至也不贰。《诗》云：『采采卷耳①，不盈顷筐。嗟我怀人，寘彼周行②。』顷筐易满也，卷耳易得也，然而不可以贰周行。故曰：心枝则无知，倾则不精，贰则疑惑。以赞稽之，万物可兼知也。身尽其故，则美。类不可两也，故知者择一而壹焉。

注释

①卷耳：又叫『苍耳』、『苓耳』，菊科一年生草本植物，长有青白色叶子，像鼠耳，嫩苗可以食用。枣核形果实，叫『苍耳

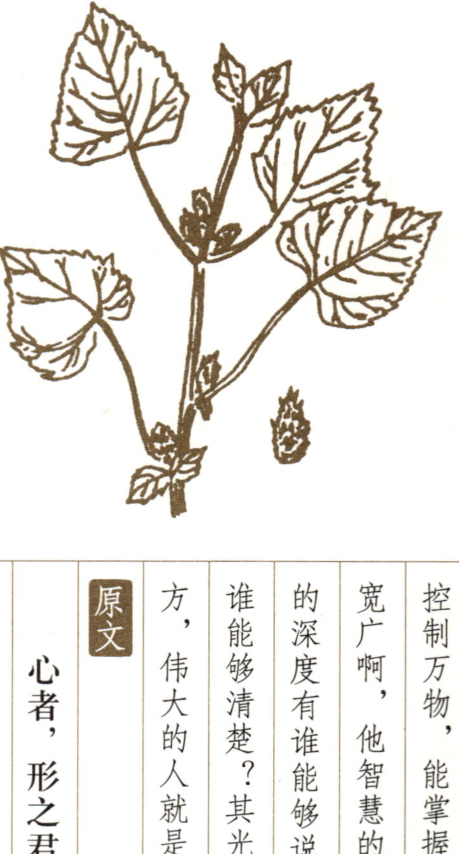

苍耳

苍耳，是一种可入药的草本植物，其叶形如鼠耳，以此得名。《诗经》中很多诗歌都是以野草、药草起兴的，展现了那个时代的生活场景，朴实亲切。

子』，可入药。②寘彼周行：没有心思摘卷耳而把筐子放在路上走掉了。

译文

心是身体各个部位的主宰，是精神的总管；它只是发号施令而不从别的地方接受命令；它自己限制着自己，驱使着自己；抛弃什么、接受什么都由它自己决定；它自己开始行动，自己选择停止。因此，沉默或讲话可以强迫嘴巴去做，弯曲或伸展可以强迫身体去完成，心是无法强迫的，它的意志也是无法改变的，它认为什么是对的就要去接受，认为什么是错的就会去拒绝。因此会说：心选取外界事物的时候，它不受任何限制，只要是根据自己的见解就可以；虽然它认识的事物十分繁杂，但当它的真诚来临时是会专心致志的。《诗经》中讲：『采呀采卷耳，斜口筐总也装不满。怀念我的心上人，把筐放在大路上。』斜口筐很容易被装满，卷耳是很容易采到的，但在采摘时是不能三心二意地待在大路上的。因此就是指：思想分散的话，知识就不能聚集，思想偏斜了就不可能做到精确，思想不集中就会产生疑惑。假如抱着专心致志的态度来考察万物，那就没有什么是不能了解的了。将事物的缘由都认真透彻地进行一番了解，就完美了。认识事物的准则不会有对立的两种，因此，明智的人就会选择一种从而专心于它。

农精于田而不可以为田师①，贾精于市而不可以为市师，工精于器而不可以为器师。有人也，不能此三技而可使治三官。曰：精于道者也，精于物者也。精于物者以物物，精于道者兼物物。故君子壹于道而以赞稽物。壹于道则正，以赞稽物则察；以正志行察论，则万物官矣。

注释

①田师：与下面的市师、器师均为官名，分别管理农业、商业和工业。

译文

农民对种田很精通，但是绝对不能因为这个原因就让他做管理农业的官吏；商人对买卖很精通，但是绝对不能因为这个原因就让他做管理市场的官吏；工人对制造物件很精通，但是绝对不能因为这个原因让他做管理器具制造的官吏。然而有的人，虽然不精通这三种技术，但可以任用他来管理这三种职业。因为，人有的精于道，有的精于具体事物。精于具体事物的人让他去支配这种具体的事物就很合适，精于道的人让他去支配各种事物就很合适。因此君子致力于道从而用它来考察万物。专心于道的人能够做到正确不犯错，用它来考察万物就能认真地看清每个事物；用正确的思想来审查清楚的结论，这样的话万物就都在掌控之中了。

原文

昔者舜之治天下也，不以事诏而万物成。处一之危，其荣满侧；养一之微，荣矣而未知。故《道经》曰：『人心之危，道心之微。』危微之几，惟明君子而后能知之。故人心譬如槃水，正错而勿动，则湛浊在下，而清明在上，则足以见须眉而察理矣。微风过之，湛浊动乎下，清明乱于上，则不可以得大形之正也。心亦如是矣。故导之以理，养之以清，物莫之倾，则足以定是非、决嫌疑矣。小物引之，则其正外易，其心内倾，则不足以决粗理矣。故好书者众矣，而仓颉独传者，壹也；好稼者众矣，而后稷独传者，壹也；好乐者众矣，而夔独传者，壹也；好义者众矣，而舜独传者，壹也。倕作弓，浮游作矢，而羿精于射；奚仲作车，乘杜作乘马，而造父精于御。自古及今，未尝有两而能精者也。曾子曰：『是其庭可以搏鼠，恶能与我歌矣？』

译文

古代的舜统治天下，不用每件事情都叮嘱就把事情都办好了。坚守专心于道的原则并且小心翼翼，心存戒惧，荣耀的气息就会充满他的周围；习得专心于道的品德到达至高的境界，荣耀就自然到来了。因此，《道经》中讲：『普通人的思想会时时警惕小心，得道之人的思想才能够达到精妙的境界。』谨慎小心与精妙的差别，明智的君子才能了解。人的思想就好像是盘中的水一样，端正地放着不去动它，沉淀其中的污浊之物就不会浮上来，看到的只是清澈透明的水，用它能照见胡须眉毛同时把皮肤的纹理也看清了。但假使有微风吹过，沉淀的污浊之物就会从下面泛起，清澈透明的水面就会被搅乱，要想得到人体正确的映像就不可能了。人的思想和这是一样的啊。假使用正确的道理指引，用高尚的德行来教化，外物的力量就不可能让它变的歪斜，这样的话就能够来判断是非、定夺嫌疑了。假如其中有些小事把它牵制了，那它的正直性就会发生变化，内心也就会发生歪斜，各种事理也就决断不了。古代有很多喜

仓颉

仓颉，为黄帝时期的史官，相传中华文字就是他创造的，但是由于创造文字的工作浩大，不可能由一人完成，故一般认为仓颉是古代文字的整理者、传授者，因此荀子有『好书者众矣，而仓颉独传』之语。

欢写字的人，但只有仓颉的名声流传下来了，原因在于他用心专一啊；有很多人喜欢种耕种，但只有后稷的名声流传下来了，原因在于他用心专一啊；有许多人爱好音乐，但只有夔的名声流传下来了，原因在于他用心专一啊；有很多人爱好道义，但只有舜的名声流传下来了，原因在于他用心专一啊。倕发明了弓，浮游发明了箭，羿善于射箭；奚仲发明了车，乘杜首创了用四匹马拉车，造父又擅长于驾车。古往今来，一心二用的人是不能够精通专业的。曾子讲：『假使在唱歌的时候看着那打节拍用的小棍棒，心想的是如何用它来打老鼠，这样的话怎么能和我一起来唱歌呢？』

原文

空石之中有人焉，其名曰觙[①]。其为人也，善射以好思。耳目之欲接，则败其思；蚊虻[②]之声闻，则挫其精[③]。是以辟耳目之欲，而远蚊虻之声，闲居静思则通。思仁若是，可谓微乎？孟子恶败而出妻，可谓能自强矣，未及思也。有子恶卧而焠掌，可谓能自忍矣，未及好也。辟耳目之欲，而远蚊虻之声，可谓危矣，未可谓微也。夫微者，至人也。至人也，何强？何忍？何危？故浊明外景，清明内景。圣人纵其欲，兼其情，而制焉者理矣。夫何强？何忍？何危？故仁者之行道也，无为也；圣人之行道也，无强也。仁者之思也恭；圣人之思也乐。此治心之道也。

注释

①觙：人名。②虻：一种昆虫，也叫虻蝇，雄性吸食植物的汁液和花蜜，雌性吸食人和动物的血液。

③挫：干扰之意。精：集中精力。

译文

空石地方有一个人，名叫觙。他天生就善于猜想、喜欢思考。但只要耳朵、眼睛所希望有的音乐、美色一和他碰撞，就会把他的思绪破坏；蚊子虻蝇的声音一旦被他听到了，他聚精会神的状态就被打断了。所以当他躲开耳朵、眼睛所希望有的音乐、美色，而且避开蚊子、虻蝇的声音，一个人待着静静地思考，这时他的思路就打通了。假如说思考仁德也是如此，能说是达到精妙的境界了吗？孟子为了不让自己的名声受到损坏，把妻子休出了家门，这可以称之为自己勉力向上的了，但与考虑周到还是有一定的差距。有若因为害怕自己打瞌睡就用火烧灼自己的手掌，这可以称之为善于自我克制了，但这与爱好读书还是有一定的差距。觙避开耳朵、眼睛所希望有的音乐、美色，还远离蚊子、虻蝇的声音，能够称其为到达小心谨慎的境界了，但还不能说是到达认识道精妙的境界。到达了精妙境界的人，就是指思想修养到达最高境界的人。既然是思想修养到达最高境界的人，还有什么需要勉励的呢？还有什么需要克制的呢？还有什么需要小心谨慎的呢？因此混沌地懂得道的人，其光彩是表露在外，真正懂得道的人，光芒才能从心中散发出来。圣人从心所欲，尽得其情，能将要管理的事情治理好。还要勉力吗？还要克制吗？还要什么小心警慎？因此，对仁者来说，遵循道并非刻意而为；对圣人来说，遵循道是没有什么勉强的。仁者的思绪恭敬谨慎；圣人的思绪轻松愉悦。修养思想的方法正在于此。

原文

凡观物有疑：中心不定，则外物不清；吾虑不清，则未可定然否也。冥冥而行者，见寝石以为伏虎也，见植林以为后人也，冥冥蔽其明也。醉者越百步之沟，以为跬步之浍也；俯而出城门，以为小之闺也，酒乱

鬼

鬼神是不存在的，他们其实是人类一定情况下的的心理反应。但是在我国古代，鬼神之说是深入人心的，荀子在那个时代，能提出鬼神是人在『感忽之间、疑玄之时』看到的假象的说法，实在是很有进步意义的。

其神也。厌目而视者，视一以为两；掩耳而听者，听漠漠而以为哅哅，势乱其官也。故从山上望牛者若羊，而求羊者不下牵也，远蔽其大也。从山下望木者，十仞之木若箸，而求箸者不上折也，高蔽其长也。水动而景摇，人不以定美恶，水势玄也。瞽者仰视而不见星，人不以定有无，用精惑也。有人焉，以此时定物，则世之愚者也。彼愚者之定物，以疑决疑，决必不当。夫苟不当，安能无过乎？

译文

大凡观察事物时有困惑的，没有平静的内心，外界的事物自然就看不清；自己的思想一片混乱，那是非就不能得到判断。在黑暗中行走的人，一旦看见横卧的石头就会认为是趴着的老虎，看见树林就会认为是站着的人，之所以这样，是因为黑暗阻碍了他的视觉。酒醉的人在通过百步宽的水道时，却认为是过一两步宽的小沟；低头走出城门，却认为是穿过了狭小的闺门，之所以这样，是因为酒把他的心神扰乱了。按住眼睛看东西，一件会变成两件；捂住耳朵听声音，默默无声会认为是嗡嗡作响，之所以会这样，是因为外力将他的官能扰乱了。从山上向下看，牛就好比是羊，但要羊的人又是不会下山去牵的，这是因为距离将牛的形象便小了。从山下看山上的树木，七丈高的树木看起来却像根筷子，但要筷子的人又是不会上山去折的，这是因为高远将树木的高度变矮了。水晃动的时候，水中的影子也跟着晃动，人们也不会用它来判断容貌的美丑，这是因为水把人的眼睛弄花了。瞎子抬头不会看到星星，人们也不会借此来判断星星的有无，这是因为眼睛失去了看东西的能力。在这种时候来断定事物的人，无疑是世界上最大的蠢材。蠢材断定事物时，是用充满疑虑的心去判断充满疑虑的事物，结果终究是不得当的。判断不得当，错误又怎么能够避免呢？

原文

夏首之南有人焉[①]，曰涓蜀梁，其为人也，愚而善畏。明月而宵行，俯见其影，以为伏鬼也；印视其发，以为立魅也；背而走，比至其家，失气而死。岂不哀哉？凡人之有鬼也，必以其感忽之间、疑玄之时正之。此人之所以无有而有无之时也，而己以正事。故伤于湿而痹，痹而击鼓烹豚，则必有敝鼓丧豚之费矣，而未有俞疾之福也。故虽不在夏首之南，则无以异矣。

注释

①夏：夏水，也叫长夏港，此水冬天阻塞夏天通畅，所以得名。夏水是从今天的湖北沙市东南分长江水东出，流经今监利县北，至沔阳县治附近入汉水。夏首：古地名，指的是夏水分长江水的口子，它是夏水之头，所以叫做夏首，旧址在今天的湖北沙市东南。

译文

夏首的南边有人，叫涓蜀梁，天生很愚蠢而且容易害怕。在月光明亮的夜晚走路时，低头见到自己的影子，会认为是趴在地上的鬼；仰起头来看见自己的头发，会认为是站着的妖怪；吓得拔腿就跑，跑到自己的家中，就死掉了。这不是很可悲吗？但凡认为有鬼，必定是在他精神恍惚、神情迷乱之时来判断的。这个时候的人们会将有当成是没有、把没有当成是有，但他们自己还要在这个时候来判断事情。有人在患上了风湿之后想要敲鼓来祛除疾病，同时还烹猪求神，打破鼓、损失猪的破费就不可避免了，不但如此，疾病也不可能因此治愈。因此这种人尽管没有在夏首的南边，也和涓蜀梁同属一类了。

原文

凡以知，人之性也；可以知，物之理也。以可以知人之性，求可以知物之理，而无所疑止之，则没世穷年不能遍也。其所以贯理焉虽亿万，已不足以浃万物之变，与愚者若一。学，老身长子，而与愚者若一，犹不知错，夫是之谓妄人。故学也者，固学止之也。恶乎止之？曰：止诸至足。曷谓至足？曰：圣也。圣也者，尽伦者也；王也者，尽制者也；两尽者，足以为天下极矣。故学者，以圣王为师，案以圣王之制为法，法其法以求其统类，以务象效其人。向是而务，士也；类是而几，君子也；知之，圣人也。故有知非以虑是，则谓之惧；有勇非以持是，则谓之贼；察孰非以分是，则谓之篡；多能非以修荡是，则谓之知；辩利非以言是，则谓之詍。传曰：『天下有二：非察是，是察非。』谓合王制与不合王制也。天下有不以是为隆正也，然而犹有能分是非、治曲直者邪？若夫非分是非、非治曲直、非辨治乱、非治人道，虽能之，无益于人，不能，无损于人；案直将治怪说，玩奇辞，以相挠滑也；案强钳而利口，厚颜而忍诟，无正而恣睢，妄辨而几利，不好辞让，不敬礼节，而好相推挤；此乱世奸人之说也。则天下之治说者，方多然矣。传曰：『析辞而为察，言物而为辨，君子贱之。博闻强志，不合王制，君子贱之。』此之谓也。

译文

通常来说，认识事物是人先天具有的本性，事物能够被认识是事物自有的规律。用能够认识事物的本性，来寻求能够被认识的事物的规律，如果没有一个确定的目标和范围，当一个人走完一生的时候也不能完全地认识那些能够认识的事物。即使贯通事理的方法每个人都能够学到数亿万条，但最终如果不能拿它们来通晓万物的变化，就和蠢材没有什么区别了。如此的学习，等到自己老了、子女长大成人了，还像个蠢材，一直不放弃这种无益的做法，这种人就可以称之为无知妄人。对学习而言，一定要有一个学习的范围。那么自己要把学习范围限制在何处呢？回答道：最圆满的境界。那最圆满的境界指的是什么呢？回答道：指的就是理解圣王之道。圣就是那些对事理完全精通的人；王就是那些对制度彻底精通的人；如果有人两个方面都精通，那就可以称之为是天下最高妙的师表了。所以谈到学习，就要把圣王当成是自己的老师，把圣王的制度作为要求自己的法度，仿效圣王的法度从而探求他们制定的纲领，他们的为人也要不断地效仿。向往这种圣王之道并且能付出努力的人，就是士人；效法这种圣王之道并且不断靠近的人，就是君子；精通这种圣王之道的，就是圣人。因此，拥有智慧但是不用来探讨圣王之道，就叫做胆怯；拥有力量但不是用来捍卫圣王之道，就叫做盗贼；能仔细地观察问题但不是用来解析圣王之道，就叫作叛逆；有才能却不是用来弘扬圣王之道，就叫做巧诈；能言善辩但不是用来传扬圣王之道，就叫作废话。古书上讲：『天下包含两个方面：一个是用错误的来判定正确的，一个是用正确的来判定错误的。』正确与错误之论，指的是符合圣王的法度与不符合圣王的法度。如果天下不用圣王的法度当成是高标准，那分辨是非、治理曲直的东西还能有吗？对那些不分辨是非、不治理曲直、不分辨治乱、不治理道德规范的学说，就算通达

它，对人能有什么好处呢？即使放弃对它的掌握，对人又能有什么伤害呢？他们也不过是想要钻研怪论奇谈，玩弄怪诞的词句，互相扰乱而已；他们强行制约别人又那么能言善辩，厚着脸皮又那么能忍受谩骂，不守正道又那么放荡不羁，胡乱诡辩又那么急功近利，不懂得谦让，不重视礼节，互相排挤是他们最擅长的；这些是混乱社会中奸佞之徒的理论啊。但是，如今社会上探讨思想学说的人，很多都是这样的。古书上讲：『只是分析言辞就当成是洞察，只会空谈名物就认为是擅长甄别，这种人是受君子鄙视的。有广博的见识和很强的记忆力，但与圣王的法度不符，这种人是受君子鄙视的。』说的就是这种情况啊。

原文

为之无益于成也，求之无益于得也，忧戚之无益于几也，则广焉能弃之矣，不以自妨也，不少顷干之胸中。不慕往，不闵来，无邑怜之心，当时则动，物至而应，事起而辨，治乱可否，昭然明矣！

译文

假如说做了，但是对成功没有帮助，追求了，但是对取得没有帮助，担忧了，但是对实现愿望没有帮助，就可以抛弃它们，不让它们妨碍自己，不让它们在心中有片刻的停留。不留恋过去，不忧患未来，忧愁悲悯的心情完全不要，时机来了就行动，外物来了就应和，事情发生了就接管，这样的话，治还是乱，合适还是不合适，就很清楚明白地摆在面前了。

周而成，泄而败，明君无之有也。宣而成，隐而败，暗君无之有也。故君人者周则谗言至矣，直言反矣，小人迩而君子远矣。《诗》云：『墨以为明，狐狸而苍。』此言上幽而下险也。君人者宣则直言至矣，而谗言

反矣，君子迩而小人远矣。《诗》曰：『明明在下，赫赫在上。』此言上明而下化也。

译文

坚守秘密获得成功，公开真情导致失败，这种事不会发生在英明的君主身上。吐露真情获得成功，隐藏真相遭到失败，这种事不会在昏暗的君主那里出现。管理人民的君王假如喜欢隐藏真情，谗言就会随之而来，正直的谏言就不会再出现了，小人因此而靠近，君子因此而远离。《诗经》讲：『你将黑暗看成是光明，认为狐狸是深蓝色的。』这讲的是君主昏庸愚昧，臣民就会变得阴险。管理人民的君主喜欢公开真情，正直的话就会层出不穷，谗言就不会再来了，君子因此而靠近，小人因此而远离了。《诗经》讲：『皓白明亮在下，灿烂光辉在上。』讲的就是君主正大光明，臣民自然就会被感化。

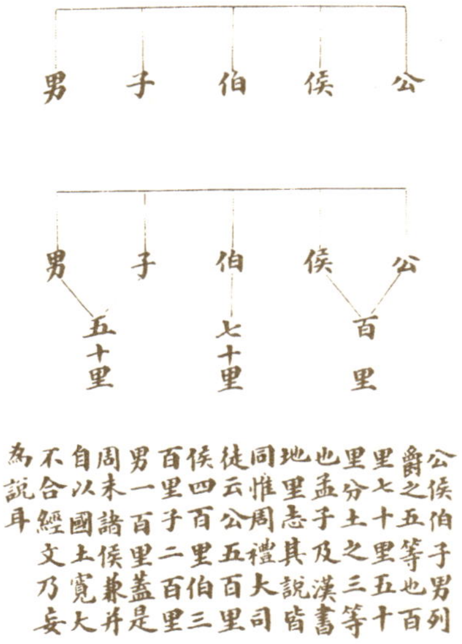

公 侯 伯 子 男

公 侯 伯 子 男

百里 七十里 五十里

公侯伯子男列爵之五等也百里七十里五十里分土之三等也孟子及漢書地里志其說皆同惟周禮大司徒云公五百里侯四百里伯三百里子二百里男一百里蓋是周未諸侯兼并自以國土寬大不合經文乃妄為說耳

列爵分土图

西周在政权稳定之后，对宗室子弟和权臣进行了分封，他们的爵位按与皇家血缘的亲疏和功劳大小分别封为『公、侯、伯、子、男』，此后皇家册封爵位都以此为名。

正名

原文

后王之成名：刑名从商，爵名从周，文名从《礼》，散名之加于万物者则从诸夏之成俗曲期。远方异俗之乡，则因之而为通。散名之在人者：生之所以然者谓之性。性之和所生、精合感应、不事而自然谓之性。性之好、恶、喜、怒、哀、乐谓之情。情然而心为之择谓之虑。心虑而能为之动谓之伪。虑积焉、能习焉而后成谓之伪。正利而为谓之事。正义而为谓之行。所以知之在人者谓之知。知有所合谓之智。所以能之在人者谓之能。能有所合谓之能。性伤谓之病。节遇谓之命。是散名之在人者也，是后王之成名也。

译文

当代圣王确定的名称：刑法的名称是从商朝那里传来的，爵位的名称是从周朝那里传来的，礼仪制度的名称是从《礼经》那里传来的，万物的各种名称都是从中原地区各诸侯国既定的民风民俗中得到的共同约定。边远不同习俗的地区，依据中原地区的习俗名称来沟通。人事上的各种名称：人生下来就是这样叫作天性。天性的和气产生的、精神接触外物的感受、不经人力自然形成的东西叫本

性。本性中的喜爱、厌恶、高兴、愤怒、悲哀、快乐称之为感情。感情就是这些，心对之进行选择，称之为思虑。心思虑后，官能开始行动，称之为人为。思虑一点点地积攒，官能不断地练习，之后形成的一种常规，也称之为人为。为了功利去从事的称为事业。为了道义去从事的称为德行。人生而就具有的认识事物的能力称为知觉。知觉和所认识的事物相符合称为智慧。人生而就有的处置事物的能力称为本能。本能和处置的事物相符合称为才能。天性遭到伤害称为疾病。左右人生的境遇称为命运。这些具体名称都是涉及人事方面的，它都是现代圣王确定的名称。

原文

故王者之制名，名定而实辨，道行而志通，则慎率民而一焉。故析辞擅作名以乱正名，使民疑惑，人多辨讼，则谓之大奸，其罪犹为符节、度量之罪也。故其民莫敢托为奇辞以乱正名，故其民悫。悫则易使，易使则公。其民莫敢托为奇辞以乱正名，故壹于道法而谨于循令矣。如是，则其迹长矣。迹长功成，治之极也。是谨于守名约之功也。

译文

君王制定事物的名称，事物一旦有了名称，那分辨实际事物就容易了；制定名称的原则一旦推行开来，那思想就便于沟通了；这样就能谨慎地将民众统一到这些名称上来。因此，拆分词句、随心所欲地创造名称来扰乱事物正确的名称，疑惑民众，让人们产生争辩，此人就可以称之为罪大恶极的坏人，他有着和伪造信符与度量衡一样的罪。因此在圣王的统治之下，民众谁都不敢造出怪癖的词句来扰乱正确的名称，民众因此就很朴实。朴实的就便于支配，便于支配就能把功业成就。民众谁都不敢用怪癖的词句来扰乱正确

的名称，因此就专心执行法度而谨遵政令了。这样的话，统治自然会长久了。统治长久同时又能成就功业，是治世的最高境界啊。这是坚持谨慎地用名称来约束民众产生的效果啊。

今圣王没，名守慢，奇辞起，名实乱，是非之形不明，则虽守法之吏、诵数之儒，亦皆乱也。若有王者起，必将有循于旧名，有作于新名。然则所为有名，与所缘以同异，与制名之枢要，不可不察也。

译文

如今，圣明的帝王过世了，名称的管理不严谨了，怪僻的词句也就随之产生了，名称和实际事物的对应关系开始变得混乱，正确和错误失去了明确的区分，即使是那些掌管法度的官吏、推行礼制的儒生，也都变得迷乱不清。假使有王者再出现的话，将会沿用那些旧的名称，创造一些新的名称。如果这样，对于名称存在的意义、让名称各有不同的根据、制定名称的关键等问题，就有必要一一搞清楚了。

原文

异形离心交喻，异物名实玄纽，贵贱不明，同异不别。如是，则志必有不喻之患，而事必有困废之祸。故知者为之分别制名以指实，上以明贵贱，下以辨同异。贵贱明，同异别，如是，则志无不喻之患，事无困废之祸。此所为有名也。

译文

假使不同的人用不同的意念来互相交流，假使让事物的名称和实际内容混杂在一起，社会地位的高贵和卑贱就无法彰显，事物的异同就无法区分。这样的话，意思一定就有不被了解的忧虑，事情就不免有废止的祸患。因此明智的圣王给世间万物分别制定名称来表明实际事物，上以此来彰显贵贱，下以此来分辨异同。贵贱彰显了，异同区分了，这样的话，意思就不会面临被误解的忧患，事情也就不会有废止的祸患。制定名称的原因就在于此。

原文

然则何缘而以同异？曰：缘天官。凡同类、同情者，其天官之意物也同，故比方之疑似而通，是所以共其约名以相期也。形体、色、理以目异；声音、清浊、调竽①、奇声以耳异；甘、苦、咸、淡、辛、酸、奇味，以口异；香、臭、芬、郁、腥、臊、洒、酸、奇臭以鼻异；疾、养、沧、热、滑、铍、轻、重以形体异；说、故、喜、怒、哀、乐、爱、恶、欲以心异。心有征知。征知，则缘耳而知声可也，缘目而知形可也，然而征知必将待天官之当簿其类然后可也。五官簿之而不知，心征之而无说，则人莫不然谓之不知。此所缘而以同异也。

注释

①竽：是古代的一种吹奏乐器，由纵向排列的许多竹管制成，和笙的形状类似。竽的作用主要是协调其他乐器的声音，在《韩非子·解老》中曾讲到『竽也者，五声之长者也，故竽先则钟瑟皆随，竽唱则诸乐皆和』，这里单提『竽』的原因就在于此。

译文

这样的话，依靠什么能让事物的名称产生异同呢？回答道：依据天生的感官。只要是相同的民族、有着相同情感的人，他们的天生感官对事物自然会有相同的感受，因此在对事物描摹时，只要大体相似就能让人明白了，这正是人们之所以能用概括的名称来相互交流的原因。形态、颜色、纹理，由于眼睛感觉的差别而显得不同；声音的清浊、和谐的乐曲与杂乱的声音，由于耳朵感觉的差别而显得不同；甜、苦、咸、淡、辣、酸以及奇异的味道，由于嘴巴感觉的差别而显得不同；香、臭、芬、郁、腥、臊、洒、酸以及奇怪的气味，由于鼻子感觉的差别而显得不同；痛、痒、冷、热、滑、涩、轻、重，由于身体感觉的差别而显得不同；愉快、郁闷、欢喜、愤怒、哀伤、快乐、喜爱、厌恶以及其他各种欲念，由于心感觉的不同而显得不同。心能够对感觉的外界事物的印象进行分析、辨别。如此，才可以凭借耳朵来听取声音了，才可以凭借眼睛来观看形状。然而心灵对外物的感知，是必须要在感官接触事物之后才能进行的。假如五官与外界事物相接触却不能认知，心体验了外物却不能表达出来，那么，称其为无知，是没有人反对的。事物的名称之所以有异同的根据就在于此。

原文

然后随而命之：同则同之，异则异之；单足以喻则单；单不足以喻则兼；单与兼无所相避则共，虽共，不为害矣。知异实者之异名也，故使异实者莫不异名也，不可乱也，犹使异实者莫不同名也。故万物虽众，有时而欲遍举之，故谓之『物』。『物』也者，大共名也。推而共之，共则有共，至于无共然后止。有时而欲遍举之，故谓之『鸟』、『兽』。『鸟』、『兽』也者，大别名也。推而别之，别则有别，至于无别然后止。名无固宜，约之以命，约定俗成谓之宜，异于约则谓之不宜。名无固实，约之以命实，约定俗成谓之实名。名有固善，径易而不拂，谓之善名。物有同状而异所者，有异状而同所者，可别也。状同而为异所者，虽可合，谓之二实。状变而实无别而为异者，谓之化；有化而无别，谓之一实。此事之所以稽实定数也。此制名之枢要也。后王之成名，不可不察也。

译文

明确了这些道理之后，就开始依照这些来给事物定名：一样的事物就给它们确定一样的名称，不一样的事物就给它们确定不一样的名称；单字的名称能够让人理解的就用单字的名称；单字的名称不能让人理解的就用多字的名称；单字的名称和多字的名称如果可以共同使用就共同使用一个名称，因为共同使用了这样一个名称，不会带来什么害处。本质不一样的事物要用不一样的名称，因此本质不一样的事物都有着不一样的名称，这种规定不能违背，就好像让本质一样的事物都具有一样的名称是一个道理。世间万物，有时要把它们一起举出来，就称之为『物』。『物』这个名称，是最大的共用名称。由此就推及到给事物制定共用的名称，在共用的名称中又有共用的名称，一直到再没有共用的名称才结束。有时想把其中的一个部分举出来，因此会把它们称之为『鸟』、『兽』。『鸟』、『兽』这种名称，是最大的区别性名称。由此就推及到给事物制定区别性的名称，那么区别性的名称之中又有区别性的名称，一直到再没有区别性的名称才结束。名称并不是生来就符合的，而是人们约定的，约定俗成了就称之为是符合的，与约定俗成的名称不一样就称之为不符合。名称的表示对象并不是与生俱来的，而是人们给实际事物约定的，约定俗成了就称之为某一实际事物的名称。名称有的是之前就已经起好的，直接明显又不违背事理，这就是好的名称。事物有形状一样但实体不一样的，有形状不一样但实体一样的，这可以加以区别。形状一样却是不一样的实体，尽管它们可以共同使用一个名称，也要将它们称为是两个实物。形状变化了，但实质没有改变成为异物的，就是变化；变化产生了而实质没有区别，应该称它是一个实物。这是所以要考察事物的实质来确定制定事物的名称并与实际相符合的法度的原因。它是制定名称的关键所在。现代圣王确定名称，这些是要弄清楚的。

山渊

山岭高峻，渊潭底深，山渊的地势是不平的，而惠施却认为『山渊平』，所不平者，在人心，这是古代唯心主义的思想，荀子对这种思想的批判，在当时是有进步意义的。

原文

『见侮不辱』①，『圣人不爱己』②，『杀盗非杀人也』③，此惑于用名以乱名者也。验之所为有名而观其孰行，则能禁之矣。『山渊平』，『情欲寡』，『刍豢不加甘，大钟不加乐』，此惑于用实以乱名者也。验之所缘无以同异而观其孰调，则能禁之矣。『非而谒楹，有牛马非马也』，此惑于用名以乱实者也。验之名约，以其所受悖其所辞，则能禁之矣。凡邪说辟言之离正道而擅作者，无不类于三惑者矣。故明君知其分而不与辨也。

注释

①见侮不辱：受到欺侮并不感到耻辱，是战国时宋钘的观点。

②圣人不爱己：圣人对自己并非格外地珍惜。《墨子·大取》中这样讲道：『天之爱人也，薄于圣人之爱人也。圣人恶疾病，不恶危难。』③杀盗非杀人也：墨子认为杀死强盗不能称之为杀人。

译文

『被侮辱了还不认为是耻辱』，『圣人不珍视自己』，『杀死盗贼不能称其为杀人』，以上这些都是因为在使用名称时迷惑了，使得把事物的名称搞乱了。只要用制定名称缘由的道理去考证它们，观察它们与通常的说法哪一种是可行的，那么这种说法就能禁止了。『高山和深谷一样平坦』，『人的本性是少欲望的』，『牛羊猪狗等肉食不比一般食物更加香甜，大钟的声音不比一般的声音更加悦耳』，以上这些都是因为在安置事实时受到迷惑了，使得把事物的名称搞乱了。只要用为何事物的名称有异同的原理去考证它们，观察它们与通常的说法哪一种是与实际符合的，那这些说法就能被禁止了。『飞箭经过柱子时的状态可以说明停止』，『有牛马，但它不是马』，以上这些是因为在使用名称时受到迷惑了，致使将事实的说法扰乱了。只要用名称约定的原则去考证它们，用他们接受的观点去驳斥他们拒绝的观点，禁止这些说法就很容易做到了。只要是背离了正确的原则私自制造歪理邪说的，势必会和这三种迷乱的说法有相一致的地方。英明的君主懂得它与正确学说的区别所在，所以不与他们争辩。

原文

夫民易一以道而不可与共故，故明君临之以势，道之以道，申之以命，章之以论，禁之以刑。故其民之化道也如神，辨说恶用矣哉？今圣王没，天下乱，奸言起，君子无势以临之，无刑以禁之，故辨说也。实不喻然后命，命不喻然后期，期不喻然后说，说不喻然后辨。故期、命、辨、说也者，用之大文也，而王业之始也。名闻而实喻，名之用也。累而成文，名之丽也。用、丽俱得，谓之知名。名也者，所以期累实也。辞也者，兼异实之名以论一意也。辨说也者，不异实名以喻动静之道也。期命也者，辨说之用也。辨说也者，心之象道也。心也者，道之工宰也。道也者，治之经理也。心合于道，说合于心，辞合于说；正名而期，质请而喻；辨异而不过，推类而不悖；听则合文，辨则尽故。以正道而辨奸，犹引绳以持曲直，是故邪说不能乱，百家无所窜。有兼听之明，而无奋矜之容；有兼覆之厚，而无伐德之色。说行，则天下正；说不行，则白道而冥穷。是圣人之辨说也。《诗》曰：『颙颙卬卬，如珪如璋，令闻令望。岂弟君子，四方为纲。』此之谓也。

译文

民众是易于用正道来统一的，但是不能让他们都知道其中的缘由，因此，英明的君主用权势来管理他们，用正道来指引他们，用命令来劝诫他们，用理论来通达他们，用刑罚来禁止他们作恶。因此在他统治下的民众，依从于正道就好像服从于神仙的指引一样，辩说不就显得多余了吗？如今圣明的帝王逝去了，天下混乱，奸诈险恶的言论就由此产生了，君子没有足够的威力来管理他们，没有刑罚去禁止邪说，辩论解说就显得必要了。实际事物中有人们不能理解的就给它们命名，命名之后还是不能理解就用大小形状等加以形容，形容了之后还不能理解就解说，解说了之后还不能理解就辩论。因此，形容、命名、辩论、解说，就成为名称使用时最有用的文饰，帝王大业就是源起于此。一听到名称，所表示的实际事物就被理解了，这就是名称的使用。把名称积累起来连缀成文章，这就是名称的配合。名称的使用、配合都遵循规范，就称之为精准名称。名称是互相约定之后来联系实际事物的。言语是将各种不同的事物杂糅在一起来阐释意思的。辩论与解说是让名实相符之后来阐明是非道理的。形容与命名，在辩论和解说时是经常使用的。辩论和解说是心灵对道的认识的外在表现。心是道的主宰者。道又是治世的永恒原则。心与道相符，解说与心相符，言语与解说相符；运用正确的名称而且能够合乎共同的约定，这样就可以合乎事物的实际情况而达到相互了解；在辨别不一样的事物时不出现偏差，推论相似的事物合于情理；这样的话，征求意见时就会顺应于礼法，辩论的时候就能够明白地解释道理。用正确的方法来分辨奸邪，就像用拉直的线来衡量曲直一样，因此奸邪的学说就不能让视听混乱，各家的谬论邪说也无处藏匿。这样就会明智地同时听取各方意见，就不会表现趾高气扬、骄傲自大的容貌；有兼容并包的宽广胸怀，而没有夸耀美德的神色。自己的学说如果能够实行，那么天下就能治理好；自己的学说如果不能实行，那就表明正道，自己就默默隐身而退。这就是圣人的辩论和说明。《诗经》说：『形貌温顺志气高昂，品德像珪璋一样洁白无瑕，美好的声名远播。温和快乐平易的君子，天下都把他当作榜样。』就是指这种情况啊。

原文

辞让之节得矣，长少之理顺矣；忌讳不称，祆辞不出；以仁心说，以学心听，以公心辨；不动乎众人之非誉，不治观者之耳目，不赂贵者之权势，不利传辟者之辞；故能处道而不贰，吐而不夺，利而不流，贵公正而贱鄙争。是士君子之辨说也。《诗》曰：『长夜漫兮，永思骞兮。大古之不慢兮，礼义之不愆兮，何恤人之言兮？』此之谓也。

译文

谦让的礼节具备了，长幼的伦理顺序清楚了；不说忌讳的话，不发表奇谈怪论；用仁慈的心去说明道理，用学习的心去听取意见，用公正的心去辩论是非；不因为其他人的议论或者赞赏而动摇，不修饰言辞以遮掩别人的耳目，不贿赂有权势的高官，不喜欢传播邪僻的人的言辞；因此可以坚持正道而不三心二意，发表言论而不被别人的观点左右，说话流利却不恣意胡说，看重公正而鄙视低级粗野的争论。这是士君子的辩论和说明。《诗经》说：『黑夜长长漫无边际，常常思索自己的过失。不怠慢远古的传统，不犯礼义上的错误，何必顾及别人的流言蜚语呢？』就是指这种情况啊。

狐

在我国传统文化中，鬼狐被认为是灵异之物，他们可以变幻化身，有时变化成人的模样来迷惑凡人，就如同一些人以邪说巧辞搅乱他人思想，让人走入歧途。

原文

君子之言，涉然而精，俛然而类，差差然而齐。彼正其名，当其辞，以务白其志义者也。彼名辞也者，志义之使也，足以相通则舍之矣；苟之，奸也。故名足以指实，辞足以见极，则舍之矣。外是者谓之讱，是君子之所弃，而愚者拾以为己宝。故愚者之言，芴然而粗，啧然而不类，誻誻然而沸。彼诱其名，眩其辞，而无深于其志义者也。故穷藉而无极，甚劳而无功，贪而无名。故知者之言也，虑之易知也，行之易安也，持之易立也，成则必得其所好而不遇其所恶焉。而愚者反是。《诗》曰：『为鬼为蜮，则不可得；有靦面目，视人罔极？作此好歌，以极反侧。』此之谓也。

译文

君子的言论，深奥而又精微，贴近人情世故而有条理，具体说法参差变化而整齐有致。他正确无误地使用名称，使用的辞句恰当准确，力求用来阐明他的思想学说。那些名称和辞句，是思想和学说的使者，足够人们互相沟通就可以不管更多的了；但是如果滥用它们，就成为邪辞僻说了。所以名称足以表达事物的实质，辞句足够用来表达主旨，就可以不管更多的了。背离这个原则就叫做语言迟钝，这是君子所摒弃的，但愚蠢的人却用来当作自己的宝贝。因此愚蠢的人的言论，没有根据、模糊而粗疏，吵吵嚷嚷却没有条理，啰嗦而嘈杂。他们让名称富有诱惑力，炫耀辞句，但是思想学说方面却显得毫无深意。因此他们费力搬弄词句却让人看不到主旨，他们就会非常劳累却没有功效，贪于扬名却没有声誉。因此，有智慧的人的言论，只要努力思索就容易理解，按照他的说法做事就容易妥当，坚持它容易站稳脚跟，一旦成功，就一定能得到自己所喜欢的东西而不是自己所厌恶的东西。但是愚蠢的人却与此相反。《诗经》说：『你如果是鬼或者狐，那么人们就无法看清楚你的面目；但是一旦你露出面目，人们就会看透你。我写这首诗歌，用来揭穿你反复无常的面目。』就是指的这种人啊。

原文

凡语治而待去欲者，无以道欲而困于有欲者也。凡语治而待寡欲者，无以节欲而困于多欲者也。有欲无欲，异类也，生死也，非治乱也。欲之多寡，异类也，情之数也，非治乱也。欲不待可得，而求者从所可，欲不待可得，所受乎天也；求者从所可，所受乎心也。所受乎天之一欲，制于所受乎心之多，固难类所受乎天也。人之所欲，生甚矣；人之所恶，死甚矣。然而人有从生成死者，非不欲生而欲死也，不可以生而可以死也。故欲过之而动不及，心止之也。心之所可中理，则欲虽多，奚伤于治？欲不及而动过之，心使之也。心之所可失理，则欲虽寡，奚止于乱？故治乱在于心之所可，亡于情之所欲。不求之其所在而求之其所亡，虽曰『我得之』，失之矣。

译文

凡是谈论治理国家的方法却试图依靠除去人们的欲望的人，是没有办法来正确引导人们的欲望反而被

人们已有的欲望困扰了的人。凡是谈论治理国家的方法而试图依靠节制人们的欲望的人，是没有办法节制人们的欲望反而被人们过多的欲望困扰的人。有欲望和没有欲望，是根本不同的，就像生与死的区别一样，但这不是治理国家祸乱的关键。欲望的多少是不同的，是人们性情所固有的，这也不是治理国家祸乱的关键。人的欲望并不是期待他想要得到的东西的时候才产生，追求满足欲望的人总是遵循可能得到的途径去争取。欲望并不是期待他想要得到的东西的时候才产生，而是天生就有的；追求满足欲望的人总是遵循可能得到的途径去争取，这是听从内心的安排。天生具有的单纯的欲望，受制于内心的许多的思考，因此当然与天生具有的欲望相似了。人们最想要得到的，就是生命了；人们最厌恶的，就是死亡了。但是却有人舍弃生命走向死亡，这不是他们不想活却想死，而是因为在一定的情况下不可以活而只能选择死亡。因此，有时有过度的欲望但是行动却没有达到那种程度，这是内心阻止了行动。内心所秉持的原则如果符合道理，那么即使有很多的欲望，又怎么会对国家的安定有所影响呢？有时虽然没有过度的欲望但是行动却超过了规定的程度，这是受了内心的驱使。内心所秉持的原则如果违背了道理，那么即使有很少的欲望，又怎么能阻止国家的动乱呢？因此国家的安定或者动乱取决于内心所秉持的原则是否合乎道理，而不在于人情的欲望的多少。不寻求本质的原因，却从不相干的地方去找原因，虽然自称『我找到了原因』，其实却错过了问题的关键。

原文

性者，天之就也；情者，性之质也；欲者，情之应也。以所欲为可得而求之，情之所必不免也；以为可而道之，知所必出也。故虽为守门，欲不可去，性之具也。虽为天子，欲不可尽。欲虽不可尽，可以近尽也；

欲虽不可去，求可节也。所欲虽不可尽，求者犹近尽；欲虽不可去，所求不得，虑者欲节求也。道者，进则近尽，退则节求，天下莫之若也。

性情是天生具有的，情感是性情的本质内容，欲望是情感对外界事物作出的反应。认为想要的东西可以得到就追求它，这是人的情感不能避免的；认为欲望可行而去实行它，这是智慧驱使人们作出这样的选择的。所以即使是地位低下的看门人，也不能没有欲望，因为这是天性具有的。即使是身份尊贵的天子，他的欲望也不能全部满足。但是他的欲望虽然不可能全部满足，但是却可以基本上满足；欲望虽然不可能除去，但是对于欲望的追求却是可以节制的。欲望虽然不可能全部满足，追求欲望的人能够使它尽可能全部满足；欲望虽然不可能除去，追求的东西又不能得到，经过思考的人就会节制自己的追求。按照道来行事，能够满足欲望的时候就尽量满足，不能满足的话就节制欲望，天下没有比这更好的了。

凡人莫不从其所可而去其所不可。知道之莫之若也而不从道者，无之有也。假之有人而欲南，无多；而恶北，无寡。岂为夫南者之不可尽也、离南行而北走也哉？今人所欲，无多；所恶，无寡。岂为夫所欲之不可尽也、离得欲之道而取所恶也哉？故可道而从之，奚以损之而乱？不可道而离之，奚以益之而治？故知者论道而已矣，小家珍说之所愿者皆衰矣。

没有人不是依从自己所赞同的而放弃自己所不赞同的。如果知道什么也比不上正道却又不依从正道的，

上路

要往南方去的人，不论路途有多么远，都会上路前往南方，这是人的本性使然。若是世人都能以正道为则，将仁义放于心中，那天下就匡正了。

这种人是不存在的。如果有人想到南方去，就会不管路有多远也要去；厌恶到北方去的人，不管有多近也不会去。他难道会因为南去的路远得没有尽头就改变了向南的道路而向北跑去吗？现在人们想要得到的，再多也不会觉得多；所厌恶的，再少也不嫌少。他们难道会因为那想要得到的东西不可能全部得到就不去追求，反而去索取自己厌恶的东西吗？因此，人们如果赞同道而依从它，哪里会损害道而产生混乱呢？人们不赞同道而背离它，哪里会对道有益而产生安定呢？因此明智的人就只是依据道行事，那些微小的学派和他们的奇谈怪论就都会衰微了。

原文

凡人之取也，所欲未尝粹而来也；其去也，所恶未尝粹而往也。故人无动而不可以不与权俱。衡不正，则重县于仰，而人以为轻；轻县于俛，而人以为重；此人所以惑于轻重也。权不正，则祸托于欲，而人以为福；福托于恶，而人以为祸；此亦人所以惑于祸福也。道者，古今之正权也；离道而内自择，则不知祸福之所托。

凡是人们求取的时候，希望得到的东西从来没有能完全地得

到；人们舍弃东西的时候，厌恶的东西从来不能完全地去掉。因此无论什么行动，任何时候都不能不用正确的标准来衡量。秤如果不准确，把重的东西挂上去就会仰起来，因而人们就会把它当作是轻的；把轻的东西挂上去秤反而低下去，因而人们就会把它当作是重的；这就是轻重让人们产生困惑的原因。衡量行为的标准如果不正确，那么灾祸就会隐藏在人们的欲求之中，而人们却把它当作幸福；幸福依附于人们所厌恶的事物之中，而人们却把它当作灾祸；这也就是祸福让人们产生迷惑的原因。道从古到今都是正确的衡量标准；一旦离开了道而任由内心任意选择，那就不能知道祸福各自存在的地方。

原文

易者，以一易一，人曰无得亦无丧也；以一易两，人曰无丧而有得也；以两易一，人曰无得而有丧也。计者取所多，谋者从所可。以两易一，人莫之为，明其数也。从道而出，犹以一易两也，奚丧？离道而内自择，是犹以两易一也，奚得？其累百年之欲，易一时之嫌，然且为之，不明其数也。

译文

交易是拿一件东西去换另一件东西，人们就会说既没有收获也没有损失；用一件东西换来两件东西，人们就会说没有损失却有收获；用两件东西换一件东西，人们就会说没有收获却有损失。善于计算的人获取数量多的东西，善于谋划的人获取适宜的东西。用两件东西换一件东西，没有一个人会做这种事，因为大家都知道数量的多少。依从道而行动，就像用一件东西去换两件东西，有什么损失呢？违背道而任由内心任意抉择，这就像拿两件东西去换一件东西，有什么收获呢？如果有人积累了长时间的欲望，而只是换取暂时的满足，然而还是去做，那么这种人实在是不知道得失间的数量关系。

有尝试深观其隐而难其察者。志轻理而不重物者，无之有也；外重物而不内忧者，无之有也。行离理而不外危者，无之有也；外危而不内恐者，无之有也。心忧恐，则口衔刍豢而不知其味，耳听钟鼓而不知其声，目视黼黻而不知其状，轻暖平簟而体不知其安。故向万物之美而不能嗛也，假而得问而嗛之，则不能离也。故向万物之美而盛忧，兼万物之利而盛害。如此者，其求物也，养生也？粥寿也？故欲养其欲而纵其情，欲养其性而危其形，欲养其乐而攻其心，欲养其名而乱其行。如此者，虽封侯称君，其与夫盗无以异；乘轩戴绝，其与无足无以异。夫是之谓以己为物役矣！

又试探着深入地观察那些隐蔽而又难以认清的情况。内心轻视道义而又不看重物质利益的人是没有的；看重外在的物质利益而内心没有忧虑的人是没有的。行为违背道义而不遭遇外在危险的人是没有的；经受外在危险而内心没有恐惧的人是没有的。如果心里担忧惊恐，那么嘴里吃着牛羊猪狗等肉食也会感觉不到滋味，耳朵听着钟鼓奏出的音乐也不觉得悦耳，眼睛看着锦绣的花纹也对其存在没有感觉，穿着轻软暖和的衣服坐在竹席上身体也不感觉舒适。因此享有了万物中美好的东西也不能满足，即使得到一时间的满足，那也不能摆脱忧虑恐惧。因此享有万物中美好的东西却仍然非常忧虑，占有了万物的利益却仍然觉得非常有害。这种人，他追求物质利益，是为了保养生命呢？还是为了出卖生命？因此想要满足自己的欲望却放纵了自己的情欲，想要保养自己的性情却伤害了自己的身体，想要培养自己的乐趣却伤害了自己的心灵，想要维护自己的名声却败坏了自己的德行。这种人，即使被封为诸侯、立为国君，他们也不会和那些盗贼有什么不同；即使他们乘车戴冕，也不会和普通百姓有什么不同。这就叫做让自己被物质利益所役使了。

原文

心平愉，则色不及佣而可以养目，声不及佣而可以养耳，蔬食菜羹而可以养口。粗布之衣、粗紃之履而可以养体，局室、芦帘、葭稾蓐、尚机筵而可以养形。故无万物之美而可以养乐，无势列之位而可以养名。如是而加天下焉，其为天下多，其和乐少矣，夫是之谓重己役物。无稽之言，不见之行，不闻之谋，君子慎之。

译文

心情平静愉快，那么颜色就不像通常的，而可以带来视觉享受；声音就不像通常的，而可以带来听觉享受；粗茶淡饭，也可以用来调养口味；粗布做的衣服、粗麻绳编制的鞋子，也可以用来保养身体；狭窄的房间、芦苇帘子、草做的垫子、破旧的桌几，也可以用来保养体态容貌。因此，即使没享有美好的东西却仍然可以培养乐趣，没有权势的高官地位而仍然可以用来提高名望。这种人如果把统治天下的权力交给他，他就会为天下的利益想得多，考虑自己的享乐少，这就叫做看重自己而役使外物。毫无根据的言论，没有见过的行为，没有听说过的计谋，君子是谨慎对待它们的。

性恶

原文

人之性恶，其善者伪也。今人之性，生而有好利焉，顺是，故争夺生而辞让亡焉；生而有疾恶焉，顺是，故残贼生而忠信亡焉；生而有耳目之欲，有好声色焉，顺是，故淫乱生而礼义文理亡焉。然则从人之性，顺人之情，必出于争夺，合于犯分乱理，而归于暴。故必将有师法之化、礼义之道，然后出于辞让，合于文理，而归于治。用此观之，然则人之性恶明矣，其善者伪也。

译文

人的本性是邪恶的，那些善良的行为是后天的作为。人的本性一生下来就喜好财利，依从这种本性，因此人们都争抢掠夺，谦让的品德就消失了；一生下来就有妒忌憎恨的心理，依从这种本性，因此就会残杀陷害他人，忠诚守信的品德就消失了；一生下来就有声色的欲望，有喜欢美好音乐、美色的本能，依从这种本性，因此就会产生淫荡混乱，礼义法度就消失了。那么，放纵人的本性，依从人的情欲，就一定导致争抢掠夺，一定出现违犯等级名分、扰乱礼义法度的行为，而最终出现暴乱。因此一定需要师长和法度的教化、礼义的引导，然后人们才会推辞谦让，遵守礼法，而国家最终走向安定太平。那么人的本性是邪恶的道理就很明显了，那些善良的行为是人们后天的作为。

原文

故枸木必将待檃栝烝矫然后直，钝金必将待砻厉然后利。今人之性恶，必将待师法然后正，得礼义然后治。今人无师法，则偏险而不正；无礼义，则悖乱而不治。古者圣王以人之性恶，以为偏险而不正、悖乱

民相敌仇图

商代末年，纣王无道，不理朝政，天下失去了法度和礼教的制约，民间秩序大乱，百姓互相敌视，打斗、争端不断，是所谓『无礼义，则悖乱而不治』。

而不治，是以为之起礼义、制法度，以矫饰人之情性而正之，以扰化人之情性而导之也。始皆出于治、合于道者也。今之人，化师法、积文学、道礼义者为君子，纵性情、安恣睢而违礼义者为小人。用此观之，然则人之性恶明矣，其善者伪也。

译文

因此弯曲的木料一定要经过檃括矫正加热，才能变直；钝的金属器具一定要经过磨砺，然后才能锋利。人的本性邪恶，一定要经过师长和法度的教化后才能端正，用礼义加以引导才能矫正。人们如果没有师长和法度的教化，就会偏邪而不端正；没有礼义的引导，就会悖乱而得不到管理。古代圣明的君王认为人的本性是邪恶的，认为人们是偏邪而不端正的、悖乱而得不到治理的，因此建立了礼义、制定了法度，用它们来矫正整治人们的性情让他们端正，用来教化人们的性情以便引导他们。让他们都能遵守秩序、从而行为合乎道德原则。现在的人，被师长和法度所感化、积累文献经典方面的知识、遵行礼义的人，就是君子；放纵情性、习惯于胡作非为而违背礼义的人，就是小人。由此看来，那么人的本性是邪恶的道理就很明显了，那些善良的行为是人后天的作为。

孟子曰：『人之学者，其性善。』曰：是不然。是不及知人之性，而不察乎人之性、伪之分者也。凡性者，天之就也，不可学，不可事。礼义者，圣人之所生也，人之所学而能、所事而成者也。不可学、不可事而在人者，谓之性；可学而能、可事而成之在人者，谓之伪；是性、伪之分也。今人之性，目可以见，耳可以听。夫可以见之明不离目，可以听之聪不离耳。目明而耳聪，不可学明矣。

译文

孟子说：『人们之所以能学习，是因为本性是善良的。』我说：这是不对的。这是还不了解人的本性，也不明白人的先天本性和后天人为之间的区别。一般来说，本性是与生俱来的，是学习不来的，不是努力就能得到的。礼义是圣人创建的，是人们能够学习、努力实践做到的。人身上那种不能学习、不能努力就能做到的东西，叫本性；人可以学会、可以通过努力实践做到的，叫人为；这就是本性和后天人为的区别。人的本性，比如说眼睛可以用来看，耳朵可以用来听。那可以看见东西的视力离不开眼睛，可以听声音的听力离不开耳朵。视力和听力是不可能学到，这是很明显的。

原文

孟子曰：『今人之性善，将皆失丧其性故也。』曰：若是则过矣。今人之性，生而离其朴、离其资，必失而丧之，用此观之，然则人之性恶明矣。所谓性善者，不离其朴而美之，不离其资而利之也。使夫资朴之于美、心意之于善，若夫可以见之明不离目、可以听之聪不离耳，故曰目明而耳聪也。

亲尝汤药

汉文帝孝顺其母，母得疾病卧床时，文帝衣不解带，目不交睫奉养母亲，其母每要喝汤药，文帝都要先尝。文帝以仁孝传天下，大概是习学圣人之道的缘故。

译文

孟子说：『现在人的本性是善良的，一定是他们丧失了本性因此才会作恶的。』我说：这样来解释是错误的。人们的本性，生来就离开它自然的素质，一定会失去本性的，这样看来，人的本性是邪恶的道理很明显。所谓本性是善良的，应该是不脱离它的本真而美，不脱离它的自然属性而好。那天生的资质对于美来说、心意对于善良来说就像看东西的视力离不开眼睛、听声音的听力离不开耳朵一样。因此说资质的美和心意的善良就像眼睛的视力和耳朵的听力一样。

原文

今人之性，饥而欲饱，寒而欲暖，劳而欲休，此人之情性也。今人饥，见长而不敢先食者，将有所让也；劳而不敢求息者，将有所代也。夫子之让乎父，弟之让乎兄；子之代乎父，弟之代乎兄；此二行者，皆反于性而悖于情也，然而孝子之道、礼义之文理也。故顺情性则不辞让矣，辞让则悖于情性矣。用此观之，然则人之性恶明矣，其善者伪也。

译文

人的本性，饿的话就想吃饱，冷的话就想穿暖，累的话就想休

息，这是人本来的性情。饿了，看见父亲兄长在而不敢先吃，这是因为要谦让；累了，却不敢去休息，这是因为要代长者劳动。儿子要对父亲谦让，弟弟要对哥哥谦让；儿子代替父亲劳作，弟弟代替哥哥劳作；这两种德行，都是违反本性而背离欲望的做法，但却是孝子应该的作法、礼义的规定。因此依从情欲本性就不会有谦让的品行，推辞谦让是违背情欲本性的。由此看来，那么人的本性是邪恶的就很明显了，那些善良的行为是后天人为的。

原文

问者曰：『人之性恶，则礼义恶生？』应之曰：凡礼义者，是生于圣人之伪，非故生于人之性也。故陶人埏埴而为器，然则器生于工人之伪，非故生于人之性也。故工人斫木而成器，然则器生于工人之伪，非故生于人之性也。圣人积思虑、习伪故，以生礼义而起法度，然则礼义法度者，是生于圣人之伪，非故生于人之性也。若夫目好色，耳好声，口好味，心好利，骨体肤理好愉佚，是皆生于人之情性者也，感而自然、不待事而后生之者也。夫感而不能然、必且待事而后然者，谓之生于伪。是性伪之所生、其不同之征也。故圣人化性而起伪，伪起而生礼义，礼义生而制法度。然则礼义法度者，是圣人之所生也。故圣人之所以同于众、其不异于众者，性也；所以异而过众者，伪也。夫好利而欲得者，此人之情性也。假之人有弟兄资财而分者，且顺情性，好利而欲得，若是则兄弟相拂夺矣；且化礼义之文理，若是则让乎国人矣。故顺情性，则弟兄争矣；化礼义，则让乎国人矣。

有人问：『如果人的本性是邪恶的，那么礼义是怎么产生的呢？』答道：所有的礼义，都是圣人人为

创造的，而不是由人的本性生发出来的。制作陶器的人调和黏土而制成陶器，那么陶器是工人人为造成的，而不是原本产生于工人的本性。木工砍削木材做成木器，那么木器是工人人为造成的，而不是原本产生于人的本性。圣人努力思考、熟悉人为的事理，从而制定了礼义、建立了法度，那么礼义法度是圣人人为努力的成果，而不是原先产生于人的本性。至于眼睛喜好美色，耳朵喜好音乐，嘴巴喜好美味，内心爱好财利，身体喜欢舒适安逸，这都产生于人的本性，是感受到了就自然生成、不经过人为努力就会产生的。那些感受到了却不能生成、一定要经过努力才能形成的东西，就是产生于人为。这就是先天本性和后天人为所产生的东西以及它们不同的特征。因此，圣人改变了人们邪恶的本性而倡导人为的努力，经过人为的努力后礼义就产生了，礼义产生后就制定了法度。那么礼义法度是圣人创造的。因此圣人和众人相同而跟众人没有什么不同，就是人先天的本性；圣人和众人不同但是又超过了众人，是他们后天的人为努力。爱好财物并且希望得到，这是人的本性。假如弟兄之间有财产要分，并且依从本性，爱好财物并且希望得到，那么兄弟之间也会反目为仇、互相争夺了；如果受到礼义规范的教化，那人们就会相互推让了。因此顺从本性，就会兄弟相争；受礼义教化，人们就会相互推让了。

凡人之欲为善者，为性恶也。夫薄愿厚，恶愿美，狭愿广，贫愿富，贱愿贵，苟无之中者，必求于外；故富而不愿财，贵而不愿势，苟有之中者，必不及于外。用此观之，人之欲为善者，为性恶也。今人之性，固无礼义，故强学而求有之也；性不知礼义，故思虑而求知之也。然则性而已，则人无礼义，不知礼义。人无礼义则乱，不知礼义则悖。然则生而已，则悖乱在己。用此观之，然则人之性恶明矣，其善者伪也。

沉湎败德图

商纣王在位时期，沉醉酒色，不重礼仪法度，致使万民不明仁德、礼义，天下大乱。

译文

一般来说，人们想做好事，正是本性邪恶的原因。微薄就希望变得丰厚，丑陋就希望变得美丽，狭窄就希望变得宽广，贫穷就希望变得富裕，卑贱就希望变得高贵，如果自己没有一种东西，就一定会向外求取；因此富裕了就不羡慕钱财，显贵了就不羡慕权势，如果本身有了某种东西，就一定不会向外去求取了。由此看来，人们想做好事，是本性邪恶的原因。人的本性，本来是没有礼义观念的，因此才努力学习而力求掌握它；人的本性是不懂礼义的，所以才努力思索而力求了解它。那么如果人们只凭着本性，就不会有礼义的产生，也不会懂得礼义。一旦没有礼义社会就会混乱，不懂礼义就会悖谬。那么如果只凭着本性的话，人就会悖乱集于一身。从此看来，人的本性是邪恶的道理是非常明显的，那些善良的行为是后天人为的。

原文

孟子曰：『人之性善。』曰：是不然。凡古今天下之所谓善者，正理平治也；所谓恶者，偏险悖乱也。是善恶之分也已。今诚以人之性固正理平治邪，则有恶用圣王、恶用礼义矣哉？虽有圣王礼义，

将曷加于正理平治也哉？今不然，人之性恶。故古者圣人以人之性恶，以为偏险而不正、悖乱而不治，故为之立君上之势以临之，明礼义以化之，起法正以治之，重刑罚以禁之，使天下皆出于治、合于善也。是圣王之治而礼义之化也。今当试去君上之势，无礼义之化，去法正之治，无刑罚之禁，倚而观天下民人之相与也；若是，则夫强者害弱而夺之，众者暴寡而哗之，天下之悖乱而相亡不待顷矣。用此观之，然则人之性恶明矣，其善者伪也。

孟子说：『人的本性是善良的。』我说：这是不正确的。那些古今、天下的所谓的善良，是指合乎礼义法度，遵守社会秩序；所谓的邪恶，是指狡诈不正，违背混乱。这是善良和邪恶的不同。人的本性确实本来是合乎正道和法度的吗？那又怎么用得着圣明的君主和礼义呢？即使有了圣明的君主和礼义，对于合乎正道和法度的本性又能增加些什么呢？因此人性不是善良的，而是邪恶的。古代的圣人认为人的本性是邪恶的，认为人们的天性是偏险而不正，悖乱而不治的，所以确立了君主的权势去统治他们，彰明礼义法度来教化他们，创建法治来管理他们，加重刑罚去限制他们邪恶的行为，使天下人的行为都遵守秩序、符合善良的准则。这就是圣王治理国家和礼义的教化的表现。现在如果舍弃君主的位置，不用礼义加以教化，除去法治的管理，不用刑罚来制约人们的行为，站在旁边冷眼观看民众相互交往；那么，强大的力量就会侵害弱小的并且掠夺他们，人多的就会压迫人少的并且呵斥他们不让他们发言，天下就会大乱，各国不久就会相继灭亡了。由此看来，那么人的本性是邪恶的道理就很明显了，那些善良的行为是后天人为的。

原文

故善言古者，必有节于今，善言天者，必有征于人。凡论者，贵其有辨[1]合、有符验。故坐而言之，起而可设，张而可施行。今孟子曰：『人之性善。』无辨合符验，坐而言之，起而不可设，张而不可施行，岂不过甚矣哉！故性善则去圣王，息礼义矣；性恶则与圣王，贵礼义矣。故檃栝之生，为枸木也；绳墨之起，为不直也；立君上，明礼义，为性恶也。用此观之，然则人之性恶明矣，其善者伪也。直木不待檃栝而直者，其性直也。枸木必将待檃栝烝矫然后直者，以其性不直也。今人之性恶，必将待圣王之治、礼义之化，然后始出于治、合于善也。用此观之，然则人之性恶明矣，其善者伪也。

注释

①辨：通『别』，是古代借贷时候用的一种凭证，分为两半，双方各执一半，相合以为证明。

译文

因此，善于谈论古代的人，一定参考了现在的事情；善于谈论天的人，一定用人事来作为参考。凡是发表言论，看重像凭证、兵符契合一样有根据、可以检验。因此坐着时谈论的事情，站起来就可以张罗安排，推广开来就可以实施。孟子说：『人的本性是善良的。』不能够核对检验，坐着谈论之后，站起来却不能张罗安排，推广开来却不能实施，难道这不是错得太离谱了吗？如果人的本性是善良的，那就可以废除圣明的帝王的位置、取消礼义；如果人的本性是邪恶的，那就赞成设置圣明的帝王的位置、重视礼义了。檃栝出现了，是因为弯曲木材的存在；墨线出现了，是因为不直的东西存在着；设立君主的位置，推崇礼义，是因为人的本性是邪恶的。由此看来，那么人的本性是邪恶的道理就很明显了，那些善良的行为是后天人

制瓷图 匠人制作瓷器，以普通的黏土可制出陶瓷器皿，并非匠人天生就有这种能力，而是后天学习的结果。

为的。挺直的木材不用经过檃栝的矫正就是挺直的，是它的本性就是挺直的缘故。弯曲的木材一定要经过檃栝的矫正才能挺直，是它的本性是弯曲的缘故。正因为人的本性是邪恶的，因此一定要用圣明的帝王来治理、礼义来教化，然后人们才能被治理好、做事才符合善良的标准。由此看来，那么人的本性是邪恶的道理就很明显了，那些善良的行为是人为的。

原文

问者曰：『礼义积伪者，是人之性，故圣人能生之也。』应之曰：是不然。夫陶人埏埴而生瓦，然则瓦埴岂陶人之性也哉？工人斫木而生器，然则器木岂工人之性也哉？夫圣人之于礼义也，辟亦陶埏而生之也，然则礼义积伪者，岂人之本性也哉？凡人之性者，尧、舜之与桀、跖，其性一也；君子之与小人，其性一也。今将以礼义积伪为人之性邪，然则有曷贵尧、禹，曷贵君子矣哉？凡所贵尧、禹、君子者，能化性，能起伪，伪起而生礼义；然则圣人之于礼义积伪也，亦犹陶埏而生之也。用此观之，然则礼义积伪者，岂人之性也哉？所贱于桀、跖、小人者，从其性，顺其情，安恣睢，以出乎贪利争夺。故人之性恶明矣，其善者伪也。

单衣顺母

子骞是孔子门生，他少年丧母，其父续娶后母，生二子，天寒二子着棉衣，而令子骞穿单衣。其父知道后要休掉后母，子骞还替其后母解围。闵子骞、曾参都是以孝道闻名天下的。

问的人说：『礼义是人们的行为积累之后出现的，这是人的本性中带有的因素，所以圣人才能创造出礼义。』答道：这是不对的。制作陶器的人将黏土放在模子里从而制作出瓦，那么用黏土做成的瓦就是陶器工人的本性吗？木工加工木材做成器具，那么用木材做成的器具难道就是木工的本性吗？圣人对于礼义来说，就像陶器工人用模子和黏土制造瓦一样，那么积累人的后天行为而制定的礼义，难道可以说是人的本性了吗？拿人的本性来说，尧、舜和的桀、跖，他们的本性是相同的；君子和小人的本性是相同的。如果把积累人的后天行为制定的礼义当作是人的本性，那么又何必推崇尧、禹，何必看重君子呢？人们推崇尧、禹、君子的原因，在于他们能改变自己的本性，能进行后天的努力，经过后天的努力之后礼义就产生了；那么圣人在积累了人们后天的行为之后制定的礼义，也就像陶器工人用模子和黏土而造出瓦一样。由此看来，那么积累后天行为而制定的礼义，可以算作人的本性吗？人们鄙视桀、跖、小人的原因，在于他们放纵本性，依从情欲，无顾忌地恣肆放荡，从而做出贪图财利争抢掠夺的暴行来。因此人的本性是邪恶的道理是很

明显的，那些善良的行为是后天人为的。

原文

天非私曾、骞、孝己而外众人也，然而曾、骞、孝己独厚于孝之实而全于孝之名者，何也？以綦于礼义故也。天非私齐、鲁之民而外秦人也，然而于父子之义、夫妇之别，不如齐、鲁之孝具、敬父者，何也？以秦人之从情性、安恣睢、慢于礼义故也，岂其性异矣哉？

译文

老天并非偏袒曾参、闵子骞、孝己而不顾众人，只是曾参、闵子骞、孝己充实了孝道的实质而完全得到了孝子的名声，这是为什么呢？是他们全力实践礼义的原因。老天并非偏袒齐国、鲁国的人民而不顾秦国人，但是秦国人对于父子之间的礼义、夫妻之间的职分上，赶不上齐人、鲁人孝道完备、注重礼节，这是为什么呢？是由于秦人放纵本性、任意恣肆放荡、轻慢礼义，难道是他们的本性不同吗？

原文

『涂之人可以为禹。』曷谓也？曰：凡禹之所以为禹者，以其为仁义法正也。然则仁义法正有可知可能之理，然而涂之人也，皆有可以知仁义法正之质，皆有可以能仁义法正之具；然则其可以为禹明矣。今以仁义法正为固无可知可能之理邪，然则唯禹不知仁义法正、不能仁义法正也。将使涂之人固无可以知仁义法正之质，而固无可以能仁义法正之具邪，然则涂之人也，且内不可以知父子之义，外不可以知君臣之正。今不然，涂之人者，皆内可以知父子之义，外可以知君臣之正，然则其可以知之质，可以能之具，其在涂之人明矣。今使涂之人者，以其可以知之质、可以能之具，本夫仁义法正之可知之理、可能之具，然则其可以为禹明矣。

今使涂之人伏术为学，专心一志，思索孰察，加日县久，积善而不息，则通于神明，参于天地矣。故圣人者，人之所积而致矣。

『路上的普通人可以成为禹一样圣贤的人。』这句话怎么解释呢？答道：禹成为禹的原因，在于他本人实行了仁义法度。那么仁义法度就可以被了解、可以做到，而普通人，也都具有了解仁义法度的素质，都具有可以做到仁义法度的才能；那么很明显他们是可以成为禹这样的人。如果仁义法度本来就不能被了解、不可以做到的话，那么，禹也不能懂得仁义法度、无法实行仁义法度了。假如普通人本来不具备了解仁义法度的素质，本来就不具备可以做到仁义法度的才能，那么，普通人在内就不会懂得父子之间的礼义，在外也不会知道君臣之间的道义了。现在的情况却不是这样。普通人在内都能够懂得父子之间的礼义，在外也能知道君臣之间的道义，那么，可以理解仁义法度的素质、能够做到仁义法度的能力，在普通人身上存在着的事实就很明显了。现在如果让普通人使用他们能够理解仁义的素质、能够做到仁义的能力，去理解仁义法度、按照仁义法度做事，那么，很明显他们是可以成为禹的。现在如果使普通人学习遵循礼义法度，一心一意地思考探索仔细考察，长久地坚持，永不停止地去积累善行，那就能和神明相通，和天地并列了。因此，圣人是普通人积累善行的结果。

曰：『圣可积而致，然而皆不可积，何也？』曰：可以而不可使也。故小人可以为君子而不肯为君子，君子可以为小人而不肯为小人。小人君子者，未尝不可以相为也，然而不相为者，可以而不可使也。故涂之

人可以为禹，则然；涂之人能为禹，则未必然也。虽不能为禹，无害可以为禹。足可以遍行天下，然而未尝有能遍行天下者也。夫工匠农贾，未尝不可以相为事也，然而未尝能相为事也。用此观之，然则可以为，未必能也；虽不能，无害可以为。然则能不能之与可不可，其不同远矣，其不可以相为明矣。

译文

有人问：『积累善行就可以成为圣人，但是普通人却不能积累善行成为圣人，这是为什么呢？』答道：可以积累善行，但是却不能强迫人们积累善行。因此小人可以成为君子却不愿意做君子，君子可以变成小人但是却不愿意做小人。小人和君子，不是不能够相互转化，但是他们却不会相互转化，就是由于可以做到但是不能够强迫实行的原因。因此，普通人可以成为禹一样的圣人，这是正确的；普通人一定能成为禹一样的圣人，就不一定正确了。虽然不一定能成为禹一样的圣人，但并非不可以成为禹一样的圣人。脚可以走遍世界，但是从来没有能走遍天下的人，也是这个道理。工匠、农夫、商人，不是不可以互相交换职业，但是他们却没有交换职业。从此来看，那么是可以做到，但是不一定做到；即使不一定能做到，也并非不可以做到。那么，能够不能够做到和可以不可以做到，它们的差别太大了，他们之间不可以互相转化也是很明显的。

原文

尧问于舜曰：『人情何如？』舜对曰：『人情甚不美，又何问焉？妻子具而孝衰于亲，嗜欲得而信衰于友，爵禄盈而忠衰于君。人之情乎！人之情乎！甚不美，又何问焉？唯贤者为不然。』

译文

尧问舜说：『人情究竟怎样啊？』舜答道：『人情非常不好，又问它做什么呢？妻子儿女全都有了，

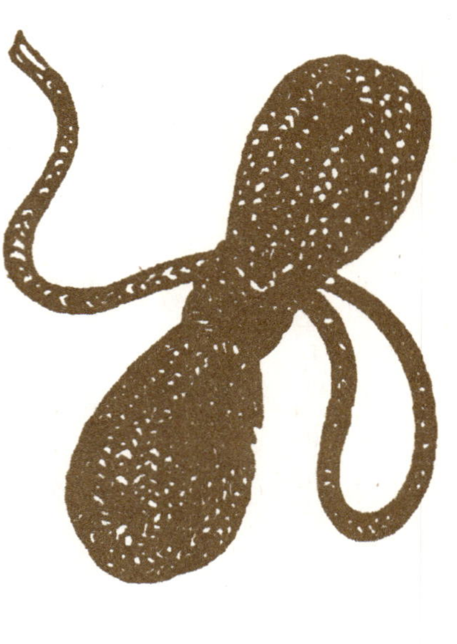

墨绳

以墨绳矫正过后，木材会变整齐。士君子的语言简洁直接，就像用墨线矫正过的木器。

就减轻了对于父母的孝敬；嗜好欲望得到了满足，就减轻了对于朋友的信用；爵位俸禄丰厚了，就减轻了对于君主的忠诚。这就是人情啊！人情啊！太不好了，又问它做什么呢？只有贤德的人不是这样的。』

原文

有圣人之知者，有士君子之知者，有小人之知者，有役夫之知者：多言则文而类，终日议其所以，言之千举万变，其统类一也，是圣人之知也。少言则径而省，论而法，若佚之以绳，是士君子之知也。其言也谄，其行也悖，其举事多悔，是小人之知也。齐给便敏而无类，杂能旁魄而无用，析速粹孰而不急，不恤是非，不论曲直，以期胜人为意，是役夫之知也。

译文

人世间存在着圣人的智慧、士君子的智慧、小人的智慧、奴仆的智慧。言语宽广博大，并且文采斐然合于礼义法度，不停地谈论他主张的理由，说话千变万化，但是有统一的原则，这就是圣人的智慧。说话少，但是直截了当并且简洁直接，有条理并且依循法度，就像用墨线矫正过一样整齐，这就是士君子的智慧。说话阿谀奉承，

行为违背常理，做事经常后悔，这就是小人的智慧。口齿伶俐但是不合法度，技艺多而驳杂无用，分析问题迅速、遣词造句熟练但并非重点，不顾是非，不讲曲直，一心想要胜过别人，这就是奴仆的智慧。

原文

有上勇者，有中勇者，有下勇者。天下有中，敢直其身；先王有道，敢行其意；上不循于乱世之君，下不俗于乱世之民；仁之所在无贫穷，仁之所亡无富贵；天下知之，则欲与天下同苦乐之；天下不知之，则傀然独立天地之间而不畏：是上勇也。礼恭而意俭，大齐信焉而轻货财；贤者敢推而尚之，不肖者敢援而废之：是中勇也。轻身而重货，恬祸而广解苟免；不恤是非、然不然之情，以期胜人为意：是下勇也。

译文

有上等勇敢的人，有中等勇敢的人，有下等勇敢的人。天下安定的时候，敢于挺身坚守正道；古代的圣王治理国家的方法很好，他们敢于贯彻执行圣王的意志；向上不顺从制造乱世的君主，向下不和扰乱社会的人同流合污；实行仁德的地方不会在意是否贫穷，仁德丧失的地方不愿其身富裕高贵；天下的人都知道他，就会和天下人同甘共苦；天下的人不知道他，就岿然独立于天地之间而毫无惧怕：这就是上等勇敢的人。有礼貌、讲恭敬并且内心谦让，推崇忠诚信用而看轻财物，敢于推崇有贤能的人并且让他处于高位，敢于把不称职的人拉下并且废除其职务：这是中等勇敢的人。看轻自己的生命却看重财物，看轻闯祸并且想方设法解脱以求免于罪责；不管是非、不讲正不正确，一心想要胜过别人：这就是下等勇敢的人。

原文

繁弱、巨黍，古之良弓也；然而不得排檠，则不能自正。桓公之葱，太公之阙，文王之录，庄君之曶，阖

良马

宝马良驹本来脚力超群，但要有鞭辔、马鞍的约束，以及好的驭手鞭策，良马才会发挥其能力驰骋千里，并在青史留名。

间之干将、莫邪、巨阙、辟闾，此皆古之良剑也；然而不加砥砺则不能利，不得人力则不能断。骅骝、骓骥、纤离、绿耳，此皆古之良马也；然而必前有衔辔之制，后有鞭策之威，加之以造父之驭，然后一日而致千里也。夫人虽有性质美而心辩知，必将求贤师而事之，择良友而友之。得贤师而事之，则所闻者尧、舜、禹、汤之道也；得良友而友之，则所见者忠信敬让之行也；身日进于仁义而不自知也者，靡使然也。今与不善人处，则所闻者欺诬、诈伪也，所见者污漫、淫邪、贪利之行也，身且加于刑戮而不自知者，靡使然也。传曰：『不知其子视其友，不知其君视其左右。』靡而已矣！靡而已矣！

译文

繁弱、巨黍是古代的良弓，但是如果没有经过排檠的矫正，它就不会变正。齐桓公的葱，姜太公的阙，周文王的录，楚庄王的曶，吴王阖闾的干将、莫邪、巨阙、辟闾，这些都是古代的宝剑，然而不用磨刀石磨砺就不会锋利，不借助人力也不能砍断东西。骅骝、骐骥、纤骊、绿耳，这些都是古代的宝马，但是必须在它们的前面加上马嚼子、马缰绳加以控制，在后面用鞭子加以驱打，再加上造父的驾驭技术，然后它们才能一天跑上千里的路程。人们虽然有美好的资质，并且具备辨别理解事物的能力，也一定要师从于贤能的老师，和品质良好的朋友交往。师从于贤能的老师，那么他就会听到关于尧、舜、禹、汤治理国家的正道；和品质良好的朋友交往，那么就会接触忠诚守信恭敬谦让的品行；那么自己一天天地靠近仁义的境界却毫无察觉，这是环境潜移默化的影响。如果和品德不好的人相处，那么就会听到欺骗狡诈，就会看到污秽、淫邪恶、贪利的品行，自己将一天天靠近刑罚杀戮却毫无知觉，这也是外界环境潜移默化的影响，古书上说：『如果不了解自己的儿子的话，就看看他的朋友的为人就知道了，如果不清楚君主的德行就看看他身边的臣子怎么样就会知道了。』这就是外界环境潜移默化的影响啊。这就是外界环境潜移默化的影响啊。

图书在版编目(CIP)数据

孟子/（战国）孟轲著，荀子/（战国）荀况著.—沈阳：万卷出版公司，2009.8（2010.9重印）
（国学丛书集成）
ISBN 978－7－80759－739－1

Ⅰ.①孟…②荀… Ⅱ.①孟…②荀… Ⅲ.①孟子－注释②孟子－译文③荀子－注释④荀子－译文 Ⅳ.B222.5 B222.6

中国版本图书馆CIP数据核字（2009）第127164号

孟子·荀子

责任编辑／王会鹏　邢和明
出版发行／万卷出版公司
项目策划／智品书业
经　　销／各地新华书店发行
网　　址／www.zhipinbook.com
印　　刷／三河市国英印务有限公司
开　　本／二一〇×二八五毫米　十六开
印　　张／四十二　印数／五〇〇〇
字　　数／四百八十千字
印　　次／二〇一〇年九月第一版第二次印刷
书　　号／ISBN 978－7－80759－739－1
定　　价／二百一十八圆（全四册）